AF540456

Karl Czok

Helmut Bräuer

Karl Czok

Studien zur Biografie eines Historikers

LEIPZIGER UNIVERSITÄTSVERLAG GMBH 2024

Bibliografische Information der Deutschen Nationalbibliothek
Die Deutsche Nationalbibliothek verzeichnet diese Publikation in der deutschen Nationalbibliografie; detaillierte bibliografische Daten sind im Internet über http://dnb.d-nb.de abrufbar.

Die Drucklegung dieses Bandes wurde vom
Institut für Kultur- und Universalgeschichte Leipzig e. V.
freundlich gefördert.

Satz: Sabine Ufer, Leipzig
Druck: UFER Verlagsherstellung, Leipzig

ISBN 978-3-96023-598-9

Inhalt

Vorbemerkungen

Ich bediene mich der Worte eines verehrten Kollegen über einen ebenso ehrenwerten und hochgelehrten Fachgenossen – nicht, weil ich voller Verzweiflung nach einem Entrée in eine Studie zur Biografie Karl Czoks (1926–2013) suchen müsste, sondern weil wir benachbarte Dienstzimmer in der 25. und später in der 24. Etage des Uni-Hochhauses am vormaligen Leipziger Karl-Marx-Platz gehabt haben, die gleiche Disziplin vertraten und gemeinsam der Sektion Geschichte und der Philosophischen Fakultät angehörten.

„Historiker können am Zeitgeschehen weder vorbeigehen noch vorbeidenken. Geschichte in Gegenwart zu sehen, Gegenwart als Geschichte nach- und vorzudenken ist ihr eigentlicher Beruf“, schrieb im März 1978 Manfred Kossok (1930–1993), die „Historisch-literarischen Miniaturen“ Walter Markovs (1909–1993) einleitend.[1] Genau diese höchst verantwortungsvolle, beziehungsreiche und zuweilen auch problematische Sicht auf Wirken und Amt, Handeln und Wissenschaft spiegeln und verdichten sich in Karl Czoks Leben. Mancherlei tritt erst im Nachhinein ans Tageslicht, viele Züge machen das Wesen der Persönlichkeit Karl Czoks aus, sind einmalig und prägend, und nicht zuletzt: Etliche Facetten seines Ichs und seines Schaffens drohen mehr und mehr verloren zu gehen. Stabilität aber besaßen „Ehedem“ und „Jetzt“ – es waren Grundgrößen seines Lebens und Tuns zu unterschiedlichen Zeiten. Und damit besaßen sie auch Variabilität. Ebenso wie ihre inneren Zusammenhänge und Gegensätzlichkeiten. Wer das zu bestreiten sucht, hat nicht recht über sich und die Umwelt nachgedacht oder war in seinen Beobachtungen nicht genau genug.

---

1 Walter Markov: Kognak und Königsmörder. Historisch-literarische Miniaturen, Berlin-Weimar 1979, S. 5.

Freilich: Geschichte als vergangener, komplexer und allumfassender Prozess ist unteilbar. Sie ist abgelaufen. Und fertig. In Teile zerlegbar ist ihre sachlich-wissenschaftliche Behandlung und differenziert bis zur Antithese sind ihre Exegese, ihre Interpretation oder ihr „Gebrauch“ für aktuelle Zwecke und Konstellationen. Sogar ihre Pflege und ihr Verschweigen. Insofern hat Historiografie ihre (manchmal aufregende) Funktion.

In einem verkleinerten und individualisierten Format trifft das selbst auf die Biografie eines Menschen zu. Und im vorliegenden Fall handelt es sich um *meine* Sicht auf Karl Czok, wobei es mir selbstredend um weitgehende Anlehnung an die zur Verfügung stehenden und zugänglichen schriftlichen und bildlichen Quellen geht – eingeschlossen die Aussagen der Zeitgenossen, die sich seiner erinnern können.

Und wollen.

Karl Czok war ein angesehener, von den Studierenden wohl meist verehrter und bewunderter Hochschullehrer. Faszinierend in seiner Ausstrahlung, weil er die Zuhörer in seine Präsentationen der unterschiedlichsten Art mitzunehmen wusste, weil er sie als sein kritisches Publikum verstand. Auf Augenhöhe. Lehrend. Nie belehrend.

Er vermochte außerdem auch Auffassungen und Wertungen zu formulieren, die nicht dem *mainstream* adäquat waren, aber zum Weiterdenken provozierten. Vom Gros der Studierenden wurde das mit Freude angenommen. Unübliche Gedanken machen zu allen Zeiten hellhörig und wecken das, was man den „eigenen Geist“ nennt.

Zugleich war er ein geachteter Gelehrter, der sachkundig und standpunktfest auftrat, dabei auch plausible Gegenargumente gelten ließ, dem im eigenen Lande und international Aufmerksamkeit entgegengebracht wurde.

Seine „echten“ Kontrahenten haben vielfach den Boden der Wissenschaftlichkeit, zumindest die Plattform *sine ira et studio,* verlassen.

Mir geht es nicht um eine lückenlose, rein chronologische Aufreihung seiner Lebensjahre. Das ist allein deshalb nicht möglich, weil die Einblicke, Quellen oder Deutungen dazu nicht als ausreichend angesehen werden können bzw. zu einseitigen Aussagen verleiten würden. Viele Wünsche, Hoffnungen und persönliche Empfindungen hat er nicht ausgesprochen, andere nur angemerkt – und wenn schon, so muss ich mich fragen: Habe ich all das zutreffend begriffen, wie es gemeint war, so dass ich es korrekt wiedergeben kann?

Ich möchte mit Schwerpunkten arbeiten. Sie werden grob und mitunter nur die äußeren Partien seiner Persönlichkeit kennzeichnend sein. Schon das ist mühsam, denn er hat nie viel Aufhebens um seine Person oder um sein Engagement für andere gemacht. Aber mein Wunsch ist: Sie sollen ein möglichst klares und nachhaltiges Bild seiner Persönlichkeit geben – sachbezogen-exakt, gerecht und ohne Überhöhung. Ich bin mir eines solchen Anspruchs und des darin implizierten Risikos weitgehend bewusst, ist doch ein wichtiger Teil seines Nachlasses, der wesentliche Auskünfte geben könnte, im Stadtarchiv Leipzig auf seinen Wunsch für die Benutzung bis 2038 gesperrt und bis dahin würde es zu viele Wissens- oder Erinnerungs- und Erkenntnisverluste geben. Deshalb – dieser Text 2024.

Ich möchte Karl Czok nicht aus einer Zeit, die außerhalb seines Lebens liegt, „bewerten", sondern will versuchen, ihn möglichst aus seinem Handlungsrahmen, aus seinen Möglichkeiten und Chancen zu verstehen, denn: Selbst wenn das Urteil positiv wäre, entspräche ein anderes Verfahren nicht seinem Habitus.

Und schließlich: Karl Czok lebte und arbeitete nicht außerhalb von Familie, Institut und Gesellschaft, und diese Umfelder muss ich hier und da *berühren*, um bestimmte Dinge, Haltungen und Alternativen plausibel zu machen, mehr möchte ich aber nicht tun, denn ich schreibe über *ihn*, also keine Umfeld-Geschichten. Ganz davon abgesehen, dass ein so angelegtes Verfahren über meine Möglichkeiten ginge.

Seit gut zwei Jahrzehnten hängt sein Porträt neben der Tür meines Arbeitszimmers in der Leipziger Daumierstraße: Karl Czok.

Zwei Handspannen entfernt steht die ihm gewidmete Festschrift von 2001. So habe ich es bereits einmal beschrieben.[2]

Das Bild einerseits zeigt den freundlichen, älter gewordenen, fast weißhaarigen und würdigen Herrn. Passabel gekleidet, mit sanftem Lächeln, auffallend hellen Augen und klarem Blick, von dem leicht zu sagen ist, dass er wohl eine Gesinnung hat, zugleich aber akzeptanzbereit ist. Wer möchte, kann vom „Gelehrtentyp" sprechen, ich sehe eher den warmherzigen Menschen mit innerer Stabilität. Seine Unterschrift dokumentiert Charakter-Festigkeit: Karl Czok. Im Regal daneben befinden sich viele schriftliche Belege seines Wirkens: Stadtgeschichte, Regionalgeschichte, Landesgeschichte.

Die Festschrift zu seinem 75. Geburtstag mit ihren 35 Beiträgen aus acht Ländern erzählt andererseits von der internationalen Wertschätzung des Mannes. Und es ist zu betonen: von unterschiedlichen fachwissenschaftlichen, philosophisch-weltanschaulichen und politischen Repräsentantinnen und Repräsentanten.[3] Der Mensch und sein Werk – eigentlich sind es untrennbare Ganzheiten oder komplexe Konstellationen, diese Zeugnisse des Wirkens eines Menschen, denn das Geschaffene resultiert aus einer Person, die Anlagen eingeschlossen, ist also durch eigene Arbeit erzeugt worden, auch wenn dabei die jeweiligen Umstände eine förderliche oder hemmende Rolle spielten. Provozierend oder dämpfend.

Man kann diese Gänge durch die persönliche Zeit von Anfang bis zum Ende erzählen – aufreihen oder von Jahr zu Jahr präsentieren, wie es Annalen tun.

2 Helmut Bräuer: Persönliches Erinnern, dreimalig: Prof. Dr. Karl Czok 1926–2013. In: SächsHbll. 59 (2013) 4, S. 351.

3 Die Stadt als Kommunikationsraum. Beiträge zur Stadtgeschichte vom Mittelalter bis ins 20. Jahrhundert. Festschrift für Karl Czok zum 75. Geburtstag. Im Auftrag der Karl-Lamprecht-Gesellschaft Leipzig e. V. herausgegeben von Helmut Bräuer und Elke Schlenkrich, Leipziger Universitätsverlag GmbH, 2001.

Und doch ist es mitunter zwangsläufig, und das trifft auf Karl Czoks Biografie zu, sie aus arbeitsmethodischen und quellenorientierten, sachlichen und zeitlichen und vielen anderen Gründen zu separieren, weil sie häufig in jeweils andersartigen Zusammenhängen existierten, eine Funktion hatten oder sich entwickelten. Oder weil die Quellenzugangsmöglichkeiten begrenzt waren bzw. sind. Das wird zwar in einigen Fällen doppelte Berührungen nach sich ziehen, ist jedoch kaum zu umgehen. Die „Trennung" von Person und Werk zwingt allerdings den Rezipienten dieses Textes zu einer intellektuellen Bereitschaft: Den Menschen Karl Czok und sein Werk dennoch in eins zu denken.

I Karl Czok, der Mensch in seiner beruflichen Umwelt

Die Jahre vor 1945

Vom Bahnhof Görlitz bis zur Südstadt braucht man keinen Fremdenführer. Dort, in der Biesnitzer Straße 1, p[ar]t[er]r[e] l[inks], wurde am 12. März 1926 Karl Czok geboren.[1] Der Höhepunkt jener Jahre, als man für einen Henkelkorb voller großer Geldscheine ein winziges Stück Brot nach Hause trug, war noch gut in Erinnerung, und die nächste Krise zeichnete sich bereits ab. Not war am Ort kein Fremdwort. 1926 gab es in der Stadt 3.396 registrierte Arbeitslose, Streiks um Lohnerhöhung und Teuerungszulagen, vor allem bei der WUMAG (Waggon- und Maschinenbau), sind nachgewiesen.[2] Außerdem bräunte es – auch in Görlitz.

Als Sohn des Fleischers[3] und späteren Schlossers Gerhard Czok (*1905),[4] vermisst seit 1944 (1974: „gefallen"), und seiner Ehefrau

1 Die Belege für große Teile des nachfolgenden Textes stammen aus der persönlichen Akte Karl Czoks, die sich im Privatbesitz von Herrn Bernhard Czok befindet und die er mir in großzügiger Weise zur Benutzung zur Verfügung gestellt hat. Dafür habe ich herzlichen Dank zu sagen, denn ohne sie wären viele Sachverhalte nicht zu erklären gewesen. Die jeweils maßgeblichen Daten werden mit Blatt-Titel und Datum nachgewiesen [B. C., Bl.-Titel und Datum]. Zugleich ist heranzuziehen: Helmut Bräuer: Karl Czok im Gespräch. Oder: Interview mit dem Jubilar. In: Ders. und Schlenkrich (Hg.), Stadt als Kommunikationsraum, S. 17–34 [Interview und Seitenangabe].

2 Peter Wenzel: Spezialinventar des Ratsarchivs Görlitz zur Geschichte der Deutschen Arbeiterbewegung 1820–1945. In: Beiträge zur Geschichte der Görlitzer Arbeiterbewegung IV, Görlitz 1969, S. XVII.

3 B. C., Stammbuch, Heiratsschein v. 14. Juli 1927. Ebd., „Sippschaftstafel" (1940): Bereits Großvater Wilhelm Czok war Fleischer.

4 Ratsarchiv Görlitz: Die Görlitzer Adressbücher der Jahre 1925/26 bis 1935/37 führen Gerhard Czok als Fleischer. Im Haus Biesnitzer Straße 1 befindet sich ein Vorkostgeschäft von W. Hartmann, jedoch keine Fleischerei. Mein Dank gilt Frau Andrea Kern vom Ratsarchiv Görlitz für ihre fleißigen Recherchen.

Maria, geb. Herold (1903–1975),[5] besuchte der Junge Karl bis März 1940 die Volksschule seiner Heimatstadt. Das ihm nach acht Jahren ausgehändigte Zeugnis (nebst der Abschrift) enthält die „Beurteilung der Persönlichkeit: kämpferisch, bedarf der Führung".[6] Verschiedene andere Situationen lassen diesen energischen/willensstarken Charakterzug in Erscheinung treten. War das Unerschrockene/Beherzte auch eine treffende Beobachtung des Lehrers, muss man sicher den „Führungsbedarf" im Geiste der Zeit auch als Ruf nach „Führerschaft" lesen.

Der Vierzehnjährige trat am 1. April 1940 die Lehre als Metallwerker- oder Maschinenbauer-Lehrling in der Waggon- und Maschinenbau AG Görlitz an, die er im März 1943 abschloss. HJ-Zugehörigkeit wurde vom Betrieb zur Pflicht gemacht.[7] Dann erhielt er, nach bestandener Prüfung am 28. Juli 1943, sein Facharbeiterzeugnis als Maschinenschlosser.[8] Die Invalidenversicherungskarte der Landesversicherungsanstalt Schlesien weist ihn bis 31. Juli 1943 als zahlendes Mitglied aus.[9]

In einem handschriftlichen Lebenslauf, der in jenen Jahren wie der „Fragebogen" zur „Daseins-Dutzendware" gehörte, berichtete Karl Czok, dass er danach zum Arbeitsdienst und „anschließend zur Wehrmacht eingezogen" worden sei.[10] Der Entwurf eines weiteren, nicht unterzeichneten und fragmentarischen Lebenslaufes, der, gemessen am Alter der 13-jährigen Schwester Brigitte (*1938), etwa aus dem Jahr 1951 stammt, dürfte für diese und viele weitere Le-

5 B.C., Sterbeurkunde v. 26. Dezember 1975. – Kurzbiographie v. 25. Oktober 1974, Wissenschaftlicher Werdegang v. 31. Mai 1965 und Lebenslauf Karl Czoks v. 1. Juni 1987. Auch: Universitätsarchiv Leipzig [UAL und Personalaktennummer], PA 3459, Karl Czok, Bl. 16.

6 B.C., Volksschulentlassungszeugnis v. 19. März 1940.

7 B.C., Lehrvertrag v. 1. April 1940 und Entlassungszeugnis v. 25. März 1943. – Die Anlage zum Lehrvertrag schrieb vor: „Der Lehrling muß während der Dauer der Lehrzeit der HJ angehören", regelmäßig am Dienst und den „Großfahrten" teilnehmen …

8 B.C., Facharbeiterzeugnis v. 30. September 1943.

9 B.C., Quittungskarte Nr. 2.

10 B.C., Lebenslauf v. 15. Oktober 1949.

bensphasen von Karl Czok höchste Relevanz besitzen, ja geradezu ein frühes Erklärungsmodell für sein Leben und Wirken sein. Er sei daher in den Hauptpassagen zitiert:

> [...] Im April 1932 wurde ich in die Volksschule zu Görlitz aufgenommen, die ich im Jahre 1940 aus der achten Klasse verließ [...]. Während meiner Schul- u[nd] Lehrzeit wurde ich von Haus aus unpolitisch erzogen [Rand]: (Kirchenaustritt). Der faschistischen Jugend [gemeint sind: 10–14jährige „Pimpfe" als Gliederung des „Deutschen Jungvolkes", H. B.], in die ich 1936 eingetreten war, hing ich bis zum Beginn meiner Lehrzeit mit Begeisterung an.
> In meiner Lehrstätte jedoch wurden die Lehrlinge in einem streng faschistisch-militärischen Geist erzogen. Das erregte meinen Widerwillen. Hier sträubte ich mich zuerst u[nd] hielt meinen Unwillen über den unbedingten Gehorsam nicht zurück. Daher wurde ich oft gemaßregelt. Das war auch der Grund dafür, daß man mich nach vorzeitig beendeter Lehrzeit sofort (Ende 1942) in ein Wehrertüchtigungslager steckte. Anschließend kam ich sofort ¼ Jahr zum Arbeitsdienst u[nd] danach zur Kriegsmarine. Auch hier konnte ich mich einer Opposition gegen den militärischen Kadavergehorsam nicht enthalten. Das brachte mir Disziplinarstrafen ein. In dieser Zeit besuchte ich die Maschinenschule der Kriegsmarine [Lehre zur Maschinenkunde bei Kriegsschiffen, H. B.], die ich mit guten fachlichen Leistungen absolvierte. Danach folgte eine Kommandierung zur Minensuchflottille. Matrose. Als ich am Ende des Jahres 1944 das letzte Mal Urlaub hatte u[nd] zu Haus erfuhr, daß mein Vater seit August an der Ostfront vermißt sei, beschloß ich, mich vor jeder weiteren Tätigkeit an der Front zu drücken. Kurz vor Weihnachten jedoch wurde ich in Frankfurt an der Oder von einer Wehrmachtsstreife gefaßt u[nd] am 6. Januar 1945 in Gotenhafen [heute Gdynia, H. B.] von einem Marine-Divisionsgericht abgeurteilt. Die Strafe wurde sofort in Frontbewährung umgewandelt. [Gestrichene Passage: (Die Dauer meiner Strafe vermag ich deshalb nicht mehr

> genau anzugeben, es können 4 Jahre gewesen sein)]. Ich wurde sofort einer Strafkompanie zugeteilt (ehemalige 30. Schiffsstammabteilung) und kam an die Ostfront im Raum von Elbing [Elblag, Polen, H. B.]. Die Erlebnisse an der Ostfront brachten mich an den Rand der Verzweiflung. Mitte März 1945 wurde ich schwer verwundet u[nd] kam nach Dänemark in ein Lazarett […].
> Nach dem Zusammenbruch der faschistischen Diktatur war ich tief enttäuscht. Mein Vater war und blieb vermißt, meine Mutter war verzweifelt […].[11]

Direkte, offizielle oder andere Zeugnisse davon fehlen, aber er erzählte im Herbst 1945 in einem anrührenden Brief aus München, wohin er offenbar abgeschoben worden war, an Mutter Maria und Schwester Brigitte, zu denen er ein besonders inniges Verhältnis hatte:

> Im Februar [offenbar 1945, H. B.] kam ich zur Infant[e]rie[12] und zwar kämpften wir im Raum Danzig. Schon im März wurde ich durch Granatwerferfeuer schwer verwundet. 20 Splitter in beide Beine und in das Gesäß, so wurde ich in das Lazarett in Dänemark gebracht, 5 Monate lag ich im Bett und dann ging es bergauf. Jetzt fühle ich mich schon wieder ganz wohl. Das Laufen macht mir z. Zt. noch Beschwerden. […] Anfang Oktober wurde ich vom Engländer entlassen […]. Nach meiner Entlassung ging ich nach München […].

Er wohne in einem Heim mit anderen jungen Männern seines Alters. Es gehe ihm gut,

> wenn mir auch das Leben mit den Karten [Lebensmittelkarten, H. B.] und mit der kaum ausreichenden Bekleidung nicht gerade

11 B. C., Entwurf eines Lebenslaufs [um 1951].

12 Warum er von München aus nicht über Kriegsgericht und Strafbataillon, sondern über „Infanterie" berichtet, ist unklar. Eine Vorsichtsmaßnahme?

> leicht fällt. Du [hier spricht er offensichtlich nur die Mutter an, H. B.] kannst jedenfalls beruhigt sein, zerrissen und unordentlich laufe ich nicht herum. Meine Wäsche wasche ich mir selbst, die Socken stopfe ich, auch sogar eine Bügelfalte befindet sich in der Hose, die im Bett über Nacht entsteht.

Er fragt nach dem Vater, dem Befinden der Mutter, seinem „kleinen Gittel" und dem Zustand der Stadt Görlitz.[13]

Ein „Medical Certificate" bestätigte dem aus der Marine entlassenen Neunzehnjährigen: „Viele Granatsplitterverletzungen an b[ei]d[en] Beinen." Ein rückseitiger Stempelvermerk der „Fahrkartenausgabe [Lob]enstein (Thür.)" vom „08. Dez[ember] 1945" auf eben diesem Papier zeigt an, dass er München-Deisenhofen verlassen hatte,[14] wo er bis zum 3. Oktober im Ledigenheim Bergmannstraße 35 als am 16. September 1945 entlassener „Wehrmachtsangehöriger" in der US-amerikanischen Zone registriert war.[15] Er war also aus der britischen in die US-amerikanische Zone abgeschoben worden, ohne dass es dafür „Erklärungen" gegeben hätte. Zumindest kannte er sie nicht.

Wann er wieder in Görlitz eintraf, ist momentan nicht zu recherchieren. Er suchte am 22. Dezember 1945 die städtischen Behörden auf, offenkundig um sich anzumelden. Ein Dr. Mikeleitis stufte ihn als „Schwerkriegsbeschädigte[n] der Versehrtenstufe I" ein.[16] Karl Czoks Hoffnung, zu Weihnachten 1945 wieder in Görlitz zu sein, war folglich Wirklichkeit geworden.

Diesen Brief vom 30. Oktober 1945 liest man nicht ohne Betroffenheit – weil er Situationen charakterisiert, die den Begriff „Jugendjahre" in sehr harten Konturen zeigen und dennoch für weite Teile dieser Generation galten. Aber der Lebenswille dieser Jugend war mehr als Überlebenswille – er besaß auch jene Spur Hoffnung

13 B. C., Brief an Mutter und Schwester Brigitte v. 30. Oktober 1945.
14 B. C., Med. Certificate v. 16. September 1945.
15 B. C., Military Government of Germany v. 3. Oktober 1945.
16 B. C., Bescheinigung des Rates der Stadt Görlitz v. 22. Dezember 1945. Die im Interview, S. 18, genannte Jahreszahl „1946" ist folglich zu korrigieren.

im Hinblick auf eine Zukunft, die man sich besser dachte als das Zurückliegende.

Die Jahre von 1946 bis 1987, 1989/90

Seine Verwundung erlaubte Karl Czok keine erlernte Schlosserarbeit. Aber die materielle Familiensituation aufbessern zu helfen, war eine Notwendigkeit, wie er mir im Interview 2001 erzählte als auch in Lebensläufen verdeutlichte, und so nahm er von 1946 bis 1948 eine Tätigkeit als Graveur in der Görlitzer Schmuckwarenfabrik Jahnsmüller & Schroda[17] in der Dr.-Friedrichs-Straße 13, unweit vom Obermarkt, auf.

Angesichts der allgemeinen, familiären und persönlichen Lebensumstände ahnt man die individuelle psychische Situation, in der sich der junge Mensch befand.

> In dieser Stimmung wurde ich durch Bekannte christlich beeinflußt, deshalb trat ich 1946 der Christlich-demokratischen Union bei. Politisch betätigte ich mich jedoch nicht, u[nd] als ich in den Versammlungen der Partei nur alte Leute sah (der christlichen Jugend konnte ich mich nicht anschließen, denn ich war ja in keiner Kirche), vor allem nur [gestrichen: gut, H. B.] bürgerliche Menschen, spürte ich bald, daß ich in diese Partei nicht gehörte. Gleich Anfang des Jahres 1948 trat ich deshalb aus dieser Partei aus.[18]

Aber bei Jahnsmüller & Schroda wurde er in den Betriebsrat gewählt. Er hatte also durch sein Auftreten rasch an Ansehen und zugleich das Vertrauen seiner Kollegen gewonnen. „Damit begann meine gesellschaftliche Tätigkeit. Jetzt beschäftigte ich mich auch,

---

17 B. C., Lebenslauf v. 18. Februar 1962 und dasselbe, v. 1. Juni 1987. – Interview, S. 18.

18 B. C., Entwurf eines Lebenslaufs v. [1951].

wenn auch wenig verstehend, mit marxistischer Literatur, weil mich geschichtliche Ereignisse interessierten […]".[19] Im Herbst 1948 hat ihn die Industriegewerkschaft Metall zum Studium delegiert. Das begann er an der Vorstudienanstalt Görlitz[20] und setzte es 1949 an der neugegründeten Arbeiter- und Bauernfakultät in Leipzig fort. Mit der Hochschulreife erreichte er 1950 den Abschluss.[21]

Für junge Ehepaare war die materielle Situation nach 1945 besonders prekär, was für Karl Czok zweifellos auch eine ganz persönliche Erfahrung war. Denn in diese Zeit fallen seine Heirat (1947)[22] mit der Kontoristin Frau Gisela, geborene Adam (*1928), und die Geburt der Kinder Monika (*1947) und Bernhard (*1949). Wenig später vermerkt er jedoch, dass er von seiner in Görlitz wohnenden Frau „seit 1952 endgültig getrennt lebe".[23]

Die Ehe, schreibt Karl Czok in einem späteren Lebenslauf, „wurde 1955 geschieden. 1956 heiratete ich die Lehrerin Charlotte Köppe (1926–2013). Dieser Ehe entstammt mein Sohn Thomas (*1957) …".[24] Sohn Bernhard zog 1956 von Görlitz nach Leipzig und wurde hier eingeschult.

In den Semesterferien 1950 arbeitete der Student als Lehrkraft „an den Kreisparteischulen Niesky u[nd] Oybin. Diese Tätigkeit sollte

19 Ebd.

20 Über Vorstudienanstalten, jene Institutionen, die die Voraussetzungen für den Besuch der ABF schufen, berichtet für Leipzig z. B. Dietmar Keller (*1942). In: Lothar Rathmann (Hg.): Alma mater Lipsiensis. Geschichte der Karl-Marx-Universität, Leipzig 1984, S. 277 f.

21 B. C., Lebenslauf v. 18. Febr. 1962, und dasselbe, Abschlusszeugnis der ABF v. 16. Juli 1950. Das im Interview, S. 18, aufgeführte Jahr „1951" ist folglich zu korrigieren.

22 B. C., Aufgebotsbescheinigung v. 25. April für Eheschließung am 10. Mai 1947; Entwurf eines Lebenslaufs v. [um 1951]. UAL, PA 3459, Bl. 15: Lebenslauf v. 10. Juli 1954: „Im Jahre 1946 [gemeint ist: 1947] heiratete ich die Kontoristin Gisela Adam. Im gleichen Jahr wurde meine Tochter Monika geboren."

23 B. C., Lebenslauf v. 27. September 1954 und Antrag auf Aspirantur-Löschung v. 22. November 1954.

24 B. C., Lebenslauf v. 1. Juni 1987.

meinen Berufswunsch – Lehrer an einer Parteischule für Geschichte, Geschichte der Arbeiterbewegung u[nd] dia[lektischen] Mat[erialismus ?] zu werden – bestimmen."[25]

Über den FDGB und die dortige Schulungsarbeit entwickelte sich bei Karl Czok das „Interesse am Lernen", meinte er in diesem Lebenslauf-Entwurf; er bewarb sich. „Jetzt begann für mich eine Periode ernstester politischer Auseinandersetzung. Es dauerte bald 1 Jahr, ehe eine Klärung erreicht war." Ein Freund habe ihm geholfen, der seit 1945 im politischen Leben stand. Auf diese Weise wurde Karl Czok am 10. Oktober 1949 Kandidat der SED.[26]

Von 1948 bis 1958 sind in den Unterlagen für ihn mehrere Adressen in Leipzig angegeben, anfangs für den Studenten Czok, bevor er 1958 gemeinsam mit seiner Frau Charlotte eine Wohnung in der Theodor-Neubauer-Straße 21, der damaligen Karl-Krause-Straße, zugewiesen erhielt.[27]

Es begann das Studium an der Leipziger Universität (1950–1954) im Gebäude des ehemaligen Amtsgerichts am Peterssteinweg, einem nicht kriegszerstörten, aber unwirtlichen Gebäude mit langen Korridoren. Er belegte Geschichte, Germanistik, Landesgeschichte und Historische Hilfswissenschaften, hörte Vorlesungen bei Robert Schulz (1914–2000) über Historischen Materialismus,[28] bei Ernst Bloch (1885–1977) über Geschichte der sozialen Utopien, v. a. im Mittelalter, bei Heinrich Sproemberg (1889–1966) über Stadt und Staat im Mittelalter, Ernst Werner (1920–1993) über Allgemeine Geschichte des Mittelalters und Deutsche Geschichte bis 1618, nahm an Quellenseminaren zu Konrad von Megenberg (1309–1374), zu Handel und Gewerbe in West- und Süddeutschland während des 14. Jahrhunderts und Übungen von Hellmut Kretzschmar (1893–1965) teil. Er besuchte Übungen von Martin Lintzel (1901–

25 B. C., Entwurf eines Lebenslaufs [um 1951].
26 B. C., ebenda.
27 B. C., Fragebogen v. 10. Oktober 1949, mit handschriftlichen Ergänzungen.
28 Interview, S. 18.

1955) über Früh- und Hochmittelalter[29] und absolvierte 1952 ein Archivpraktikum im Ratsarchiv Görlitz. Das Studium schloss er mit einer Examensarbeit zum Thema „Keimformen kapitalistischer Produktion im Textilgewerbe Oberdeutschlands im 14. Jahrhundert" ab.[30]

Er selbst schrieb 1961: Schon während des Studiums „hatte ich mich besonders der mittelalterlichen Geschichte zugewandt, speziell der Stadt- und Landesgeschichte". Das unterstreiche auch seine Mitwirkung an Forschungsaufträgen.[31] Besonders genannt sei hier: „Kaiser, Volk und Avignon", eine Quellensammlung zum 14. Jahrhundert.[32] Nachdem er bereits als Hilfsassistent bei Gerhard Zschäbitz (1920–1970) tätig gewesen war,[33] erhielt er 1954 eine Assistentenstelle am Institut für Geschichte des Deutschen Volkes.[34] Dass sein Organisationstalent und das Ansehen in der Fakultät rasch gewachsen waren, lassen die Mitgliedschaft im Rat der Philosophischen Fakultät (1955–1964) und die Wahl zum Prodekan für Forschung (1967–1969) erkennen.[35] In den 1950er Jahren, so urteilte Karl Czok im Nachhinein 1994, habe unter der Ägide Heinrich Sproembergs „meist ein kollegiales Verhältnis" zwischen den mar-

29 B. C., Arbeitsbericht und Ausbildungsplan (Studium 1950–1954),

30 B. C., Bericht über das Praktikum v. 17. August 1952, Zeugnis der Philosophischen Fakultät v. 9. Juli 1954.

31 UAL, PA 3459, Bl. 16. Nochmals betonte er seine Stadt-Interessen: „Meine Forschungsarbeit gilt vor allem der deutschen Stadtgeschichte bis zum 19. Jahrhundert, der Regional- und Landesgeschichte sowie der Geschichte der örtlichen Arbeiterbewegung", und er verweist konkret auf „Die Stadt" (1969) und „Das alte Leipzig" (1979); vgl. UAL, PA 3459, Lebenslauf v. 8. Februar 1981, Bl. 22.

32 Kaiser, Volk und Avignon. Ausgewählte Quellen zur antikurialen Bewegung in Deutschland in der ersten Hälfte des 14. Jahrhunderts, hrsg. v. O. Berthold, K. Czok und W. Hofmann (= Leipziger Übersetzungen und Abhandlungen zum Mittelalter, A), Bd. 3, Berlin 1960.

33 Interview, S. 19. UAL, PS 3459, Bl. 16: Lebenslauf v. 1. August 1961: Hilfsassistent am Institut für Deutsche Geschichte.

34 B. C., Anstellung zum 1. August 1954.

35 UAL, PA 3459, Lebenslauf v. 8. Februar 1981 und Stellungnahme zur Wahl, vgl. UAL, PA 3459, Bl. 186.

xistischen und nichtmarxistischen Kollegen im Institut für Geschichte geherrscht, was sich in vielen Vorträgen – etwa Karl Hauck (1916–2007), Edith Ennen (1907–1999), Percy Ernst Schramm (1894–1970), Marian Malowist (1909–1988) – oder auch in der Gründung der Hansischen Arbeitsgemeinschaft in der DDR 1955, wozu weiter unten Ausführungen zu machen sein werden, ausgedrückt habe.[36]

Von 1954 an ist Karl Czok in der Lehre tätig, hält Einführungs-, Pro- und Spezialseminare, Übungen und Vorlesungen zu Stadt und Städtewesen im Mittelalter, Staat und Kirche im 14. Jahrhundert, zu Deutscher Geschichte bis 1500, Einführung in Heimat- und Landesgeschichte und Antikurialer Bewegung und Bürgerkämpfe.[37] Reiner Groß schrieb mir:

> Meine persönlichen Beziehungen zu Karl Czok begannen im dritten Semester meines Studiums in Leipzig, als ich an einem Seminar über mittelalterliche Zunftkämpfe [gemeint sind: Bürgerkämpfe, H. B.] teilnahm. Wir waren nur wenige Teilnehmer und umso intensiver waren die persönlichen Eindrücke von dem noch nicht promovierten [Karl] Czok und Siegfried Hoyer [*1928].[38]

Karl Czoks Lehrveranstaltungen fanden im Institut und ebenso außerhalb des Peterssteinwegs – an der Pädagogischen Hochschule und der DHfK – statt. Das war mit zusätzlichen inhaltlichen, pädagogischen und lokalgeografisch-zeitlichen Aufwendungen verbunden, denn man musste sich auf eine andere Hörerschaft einstellen,

---

36 Karl Czok: DDR-Regionalgeschichte im Zwiespalt zwischen Wissenschaft und Politik. In: NASG 64 (1993), Weimar 1964, S. 185–199, hier: S. 187.

37 B. C., 12 Gehaltsanträge v. 14. September 1955 bis 6. März 1961.

38 Persönlicher Brief von R. Groß v. 10. 10. 23–20. 11. 23, Bl. 1 (i. meinem Besitz). Vgl. auch: Reiner Groß: Von Braun über Rot zu Schwarz. Gedanken und Erinnerungen eines Archivars und Landeshistorikers, Autobiografie, [Kreischa] 2018, S. 59 f.

und bei den Leipziger Verkehrsverhältnissen jener Jahre erwiesen sich auch „Innenstadtreisen“ als aufreibend mühsam. Und seine Zeit war kostbar.

Denn Karl Czok arbeitete in jenen Monaten unbeirrt an seiner Qualifikation, konspektierte und wertete systematisch und kritisch Literatur und Quellen aus, sammelte Stoff. Verwarf Gliederungen und brachte neue auf's Papier. Betreut wurde die Abhandlung „Städtebünde und Zunftkämpfe in Deutschland während des 14. und 15. Jahrhunderts mit besonderer Berücksichtigung der Verhältnisse in der Oberlausitz“ von den Professoren Ernst Engelberg (1909–2010) und dem Dresdner Archivdirektor Hellmut Kretzschmar (1893–1965), der zeitweilig in Leipzig lehrte.[39] So konnte der Doktorand schließlich sein Ergebnis als Dissertation im Dekanat einreichen. Er absolvierte die mündlichen Prüfungen und erhielt, versehen mit dem Datum 8. März 1957, von Dekan Walther Martin (1902–1974) Urkunde und Titel eines Doktors der Philosophie.[40] Am 7. Februar 1957 legte er das folgende Gelöbnis ab:

> Ich gelobe, die mir daraus entstehenden Pflichten gewissenhaft zu erfüllen. In meiner wissenschaftlichen Arbeit und in meiner ganzen Lebensführung werde ich bestrebt sein, der mir zuteil gewordenen Auszeichnung würdig zu bleiben.
> Ich will nach Kräften der Wahrheit dienen und für die Freiheit der Wissenschaft und ihrer Lehre, für die Wahrung der Menschenrechte und ein friedliches Zusammenleben aller Völker eintreten.[41]

Im September 1958 sollte er zwar eine zweijährige Gewerkschaftsfunktion an der Medizinischen Fakultät übernehmen, doch scheiterte dieser Plan der Universitätsführung an seinem begründeten

39 B. C., Wissenschaftlicher Werdegang v. 31. Mai 1965.

40 B. C., Promotionsurkunde, ausgefertigt v. 8. März 1957. SAW-Archiv, Czok, Karl, Promotion 8. März 1957.

41 B. C., Gelöbnis v. 7. Februar 1957.

Widerstand und der Rückendeckung, die sein Institutsdirektor Ernst Engelberg gewährte, um ein wissenschaftliches Prestige-Projekt nicht zu gefährden.[42] Die Honorarabrechnungen aus der nachfolgenden Zeit stützen den Verbleib an alter Stelle.

Zum 1. Mai 1959 ernannte Prorektor Wolfgang Gertler (1904–1982) auf Antrag der Institutsleitung Geschichte Karl Czok zum Oberassistenten,[43] dem die Leitung der Abteilung Landesgeschichte übertragen wurde.[44] Wenig später bestellte ihn das Staatssekretariat für das Hoch- und Fachschulwesen mit Wirkung vom 1. September 1961 zum Wahrnehmungsdozenten für Deutsche Geschichte des Mittelalters und Deutsche Landesgeschichte.[45]

Mit dem Jahr 1961 und dem Begriff der „Görlitzer Konferenz" ist ein wesentlicher Einschnitt in der Geschichtswissenschaft der beiden deutschen Staaten – sowohl der Praxis als auch in deren Deutung – verbunden. Zwar trug Max Steinmetz (1912–1990) dort das „Grundsatzreferat"[46] vor, aber Karl Czok baute das damit verbundene Konzept in mehreren Beiträgen aus[47] und vermerkte in seinem Lebenslauf von 1961: „Mit der Gründung der Arbeitsgemeinschaft Heimat- und Landesgeschichte der Deutschen Historiker-Gesellschaft 1961 wurde ich deren Leiter", woran eine Reihe Fachtagungen geknüpft waren.[48]

Man gewinnt den Eindruck, dass er sich über diese erreichte Position freut, weil er sie durch eigene Kraftaufwendung und Hartnäckigkeit erreicht hatte. Verwunderlich? Ich meine, dass sich dahinter ein berechtigtes Quantum Zufriedenheit verbirgt, zumal es

---

42 B.C., Erklärung v. 27. September 1958 und Brief an E. Engelberg v. 28. September 1958.

43 B.C., Ernennung zum 1. Mai 1959, nachrichtl. v. 2. Juni 1959.

44 UAL, PA 3459, Bl. 16, Lebenslauf v. 1. August 1961.

45 B.C., Ernennungen v. 30. April 1962.

46 Max Steinmetz: Die Aufgaben der Regionalgeschichtsforschung in der Geschichtswissenschaft der DDR bei der Ausarbeitung eines nationalen Geschichtsbildes. In: ZfG 9(1961)8, S. 1754 ff.

47 Die Stadt als Kommunikationsraum …, a.a.O., hier: Renate Pohlers, Helmut Bräuer: Bibliographie Karl Czok, v.a. S. 844–845.

48 UAL, PA 3459, Bl. 16, Lebenslauf v. 1. August 1961.

ihn nicht in „Feierlaune“ versetzte, sondern zu weiterer intensiver Arbeit anspornte. Es sei aber bereits hier angezeigt, dass dies ein Prozess mit einer langen Vorgeschichte, einschneidenden Auswirkungen und zugleich einem strittigen „Dauerthema“ war,[49] worauf noch einzugehen sein wird.

Damit waren erste arbeitsreiche Lebensjahre abgeschlossen. Aber die folgenden Perioden sollten es wahrlich nicht geruhsamer angehen lassen.

In allen Konstruktionen des menschlichen Zusammenlebens, bei Staaten, Kirchen und anderen Organisationsformen, also auch bei allen Parteien, gibt es Gesetze, Statuten oder Regeln, die deren Gemeinschaft oder deren Machtstrukturen vor Angriffen oder Missachtung oder im Falle von Zuwiderhandlungen einzelner Mitglieder schützen sollen. Es sind Einrichtungen der Leitung und Steuerung von „Ordnung“, wie man sie auch immer versteht.

Karl Czok traf ein solches Disziplinierungsmittel, weil er gegen Vorgaben einer Partei verstoßen hatte. Die Parteiorganisation der Historischen Institute schätzte den an der ABF Leipzig als Kandidaten der SED aufgenommenen und 1951 als Mitglied bestätigten jungen Wissenschaftler wie folgt ein: Er „ist ein klassenbewusster, parteiverbundener Genosse. Impulsiv in seinem Wesen, wirkt er manchmal radikalistisch und lässt sich auch von Gefühlswallungen leiten.“ Jedoch leiste er im Rahmen der FDJ und der Gewerkschaft gute politische Arbeit und habe ein solides Vertrauensverhältnis zu Genossen und Kollegen aufgebaut.[50]

Man mag im 21. Jahrhundert über eine solche „Beurteilung“ eines Menschen lächeln. Sie entsprach aber dem, was man den „Zeitgeist“ zu nennen pflegt – beständig, jedoch auch sozialhierarchisch mit diversen Akzentuierungen. Solche Haltungen waren Äußerungen eines Alternativdenkens, das eine „gute“ Perspektive vor sich sah – bei Karl Czok noch immer persönlich stimuliert von

49 Czok, DDR-Regionalgeschichte im Zwiespalt, S. 185–199.
50 B. C., Parteiorganisation Hist. Institute, v. 13. Mai 1955.

den letzten Kriegswochen mit Tribunal, Verwundungen und Gefangenschaft – jetzt aber beeinflusst von ABF, politischer Aktivität und Studienbeginn. Man wird den hier eingetretenen Werte-Bruch oder die andere Form der Akzentsetzung nicht aus dem Auge verlieren dürfen, will man zu einer rechten Einschätzung der Dinge kommen.

Das Büro von Kurt Hager (1912–1998) informierte die Universitätsparteileitung im Februar 1963 wie folgt: Während einer zentralen Museologentagung in Gotha, zu der Karl Czok das Hauptreferat gehalten habe, sei dieser in wichtigen Fragen der Beziehungen von Geschichte, Politik und Ideologie abgewichen und habe so der Partei Schaden zugefügt. Außerdem habe die Partei in relevanten Angelegenheiten praktische und theoretische Fehler gemacht. – Es folgte eine Reihe von Auseinandersetzungen in Parteigremien, in denen alle Genossen die Gelegenheit zur Aussprache genutzt hätten.[51] Die Vorhaltung, die Partei habe gefehlt, zog dann zwangsläufig eine „Rüge" nach sich, denn eine Partei „fehlt" nicht. Sie hat immer Recht.

Karl Czok sah im Januar 1965 die Zeit zu einem Streichungs- oder Löschungsantrag gekommen, der am 29. März 1965 in einer Mitgliederversammlung einstimmig beschlossen wurde.[52] Die „Bestrafungsaktion" hat ihn sicher betroffen gemacht, zumal er in diesem Kreis noch nicht als „alter Hase" und abgeklärt gelten konnte, der das als Belanglosigkeit hätte „wegstecken" können, und außerdem stand er mitten in der Schlussphase seiner Habilitation, aber – ist hinzuzufügen – sie war weder Amtsenthebung noch Hexenverbrennung.

In den Februartagen 1963 waren die Schreibarbeiten beendet, nunmehr konnte beim Dekan der Philosophischen Fakultät die Zulassung zum Habilitationsverfahren beantragt werden.[53] Dem wurde

51 B. C., Information v. 27. Februar 1963.

52 B. C., Antrag Karl Czoks v. 6. Januar 1965 und handschriftlicher Vermerk.

53 B. C., Antrag auf Zulassung v. 18. Februar 1963. Zugleich reichte er die Arbeit in dreifacher Ausfertigung ein.

seitens der Fakultät stattgegeben, so dass er im September 1963 dem Dekan drei Themen für das Habil-Kolloquium vorschlug:

> 1. Der sog. Methodenstreit und die Gründung des Seminars für Landesgeschichte 1906 an der Universität Leipzig. 2. Dr. Theodor Neubauer als Historiker und 3. Antikuriale und frühe nationale Bewegung in Deutschland im 14. Jahrhundert.[54]

Man muss nicht das Orakel von Delphi befragen, welches Thema die Habil-Kommission favorisieren würde.

Er hatte seine Thesen zur Habil-Arbeit vorgelegt.[55] Wenige Tage später verließen die einfachen und anspruchslosen Einladungsblätter zur Habilitationsveranstaltung von Dr. phil. Karl Czok am Mittwoch, dem 9. Oktober 1963, 9 Uhr s.t. im Hörsaal 11 des Universitätshauptgebäudes das Dekanat von Max Steinmetz. Natürlich hatte derselbe „den Methodenstreit" als Thema des Probevortrags gewählt.[56] Am Nachmittag des 25. September 1963 war bereits das ca. 1 ½-stündige Kolloquium absolviert worden, in dem Karl Czok zunächst die Gelegenheit bekam, in einem 20-Minuten-Vortrag seine hauptsächlichen Arbeitsergebnisse zu präsentieren und sich dann den Fragen der Gutachter zu stellen hatte.

Ernst Werner wollte z. B. wissen, in welchen spätmittelalterlichen Quellen die städtische Armut greifbar sei,[57] der Greifswalder Hanse-Historiker Johannes Schildhauer (1918–1995) zielte u. a. auf Begriff und Definition von „Bürgertum"[58] und Max Steinmetz, der das kritischste und umfangreichste Gutachten geschrieben hatte, wünschte u. a. Auskunft, welche Kriterien den Charakter einer sozialen Bewegung bestimmen.[59] Der Kandidat stellte alle Gutachterfra-

54 B. C., Themen zur Probevorlesung v. 16. September 1963.
55 UAL, PA 3459, Bl. 127–134.
56 B. C., Einladung v. 26. September 1963.
57 UAL, PA 3459, Bl. 137–139 (Gutachten).
58 Ebd., Bl. 154–158.
59 Ebd., Bl. 140–153.

gen und die der Gäste zufrieden,[60] und Probevortrag und Verteidigung der Habil-Arbeit wurden auf den 9. Oktober 1963, 9:05 Uhr festgelegt.[61]

Man weiß leider nichts über die „Befindlichkeiten" des Kandidaten an diesem Morgen. Ob er spannungsgeladen, nervös, überreizt oder gelassen, konzentriert und besonnen gewesen ist, wann er aufgestanden sei und ob er sich seine Rede nochmals durchgesehen hatte, aber zumindest war die Probevorlesung ein voller Erfolg, denn sie wurde nachträglich gedruckt und präsentierte damit später den Qualitätsbeweis der Ausführungen.[62] Unter dem gleichen Datum, dem 9. Oktober 1963, bestätigten Rektor Georg Mayer (1892–1973) und Dekan Steinmetz, dass Karl Czok sein Habilitationsverfahren mit einer Arbeit über „Städtische Volksbewegungen im deutschen Spätmittelalter – Ein Beitrag zu den Bürgerkämpfen und innerstädtischen Bewegungen während der frühbürgerlichen Revolution" abgeschlossen hatte.[63]

Im Nachhinein sei gegen die Heckenschützen aller Art gesagt: Der bravouröse Abschluss des Verfahrens war die souveräne Antwort Karl Czoks auf die Attacken seiner Rivalen.

Die Leitung des Instituts für Deutsche Geschichte beantragte unter Max Steinmetz am Jahresende 1963 nach ausführlicher Würdigung der Leistungen Karl Czoks für diesen die Umwandlung der Wahrnehmungsdozentur in eine ordentliche Dozentenstelle, Fachgebiet Deutsche Geschichte des Mittelalters und Regionalgeschichte,[64]

---

60 Ebd., Bl. 159–161.

61 Ebd., Bl. 164–167.

62 Karl Czok: Der Methodenstreit und die Gründung des Seminars für Landesgeschichte und Siedlungskunde 1906 an der Universität Leipzig. In: JbfRegG II, Weimar 1967, S. 11–26. Es sei in diesem Zusammenhang erinnert, dass die Herausgabe der Festschrift zu Karl Czoks 75. Geburtstag 2001 im Auftrag der Karl-Lamprecht-Gesellschaft Leipzig e. V. erfolgte.

63 B. C., Urkunde v. 9. Oktober 1963. UAL, PS 3459, Bl. 28 (Originalurkunde).

64 B. C., Antrag an das Staatssekretariat v. 9. Oktober 1963.

die das Staatssekretariat für das Hoch- und Fachschulwesen unter Ernst-Joachim Gießmann (1919–2004) am 18. März 1964 vornahm.[65] Am 1. Februar 1966 erfolgte die Ernennung zum Professor mit Lehrauftrag für Deutsche Regionalgeschichte,[66] die am 1. September 1969 in eine Ordentliche Professur umgewandelt wurde,[67] deren Bestätigung für Territorialgeschichte (Sachsen) am 4. Juli 1984 erfolgte.[68]

Gerhard Zschäbitz war mit den Czoks ebenfalls nach Berlin gefahren, um 1966 die Ernennungsurkunde entgegenzunehmen, doch die wenigen noch lebenden Zeitzeugen werden sich kaum an Details von „Feierlichkeiten" erinnern können. Einschlägige Umfragen erbrachten ein eher ernüchterndes Ergebnis, sind aber aus vielerlei Gründen nicht repräsentativ. Doch ein etwas ungewöhnliches Mittagessen wird es wohl sicher gegeben haben …

Die Zeit zwischen 1967 und dem Beginn der 1970er Jahre war neben den personalpolitischen Einschnitten, den Neuorientierungen und den damit verbundenen Spannungen eine komplizierte Phase im Universitätsleben. Die jüngste Leipziger Universitätsgeschichte sieht sie vorrangig unter der Studienstraffung auf acht Semester, wachsenden Druck aus Ideologie, Politik und Ökonomie und Intensivierung des marxistisch-leninistischen Studiums.

Auch bei den Historikern griff die Sektionsstruktur. Die sächsische Landesgeschichtsforschung, ehemals „eine Zierde der Universität Leipzig", fristete „nurmehr ein Schattendasein" und später, „als historische Länder und Landeseigentümlichkeiten die Machthaber nicht mehr interessierten", mutierte das Fachgebiet „zu beliebiger ‚Regionalgeschichte'".[69]

65 B. C., Urkunde v. 18. März 1964.
66 B. C., Urkunde v. 1. Februar 1966.
67 B. C., Urkunde v. 4. Juli 1984.
68 Ebd.
69 Geschichte der Universität Leipzig 1409–2009, Bd. 4/1, Hg. Ulrich von Hehl, Uwe John, Manfred Rudersdorf, Leipzig 2008, S. 157–196, v. a. S. 191–193. Die zitierten Stellen S. 194.

Bei Enno Bünz (*1961) kann man lesen:

> Während die Landesgeschichte in Westdeutschland vor allem im Verbund mit dem Fach Mittelalterliche Geschichte nach 1945 Forschungstrends bestimmte und viele Themen vorgab, [...] war sie in der DDR eine dem Untergang geweihte Disziplin. Wie schon die Abschaffung der Länder 1952 deutlich machte, war das zentralistisch ausgerichtete SED-Regime nicht daran interessiert, föderale Tendenzen und ein entsprechendes Regionalbewusstsein zu dulden [...]. Landesgeschichte wurde marginalisiert und als akademische Disziplin weitgehend abgeschafft.[70]

Ich möchte diese Passagen nicht kommentieren aber fragen – Was veranlasste den Präsidenten der Sächsischen Akademie der Wissenschaften zu Leipzig, Uwe-Frithjof Haustein (*1937), an Karl Czok zu dessen 80. Geburtstag 2006 in einer Glückwunsch-Adresse zu schreiben:

> Daß Sie im Rahmen unserer Akademie aus der Leipziger Tradition heraus, aber auch mit einer neuen historisch-materialistischen Konzeption das alte Anliegen der Landesgeschichte weitergeführt und mit dem Jahrbuch für Regionalgeschichte das zugehörige Publikationsorgan begründet haben, wird als Ihr Verdienst in die Geschichte der Leipziger Geschichtswissenschaft eingehen.[71]

Im Zusammenhang mit dieser 3. Hochschulreform gab es für Karl Czok persönlich einen unerfreulichen Akt: Er wurde am Beginn des Studienjahres 1971/72 zum zuständigen Prorektor bestellt, der anwies, er möge sich künftig in Lehre und Forschung intensiver auf

---

70 Enno Bünz: Landesgeschichte in Sachsen – Traditionen und Perspektiven. In: Denkströme. Journal der Sächsischen Akademie der Wissenschaften zu Leipzig, 6 (2011), S. 61–83, hier S. 74.

71 SAW, Archiv, Czok, Karl, Zuwahl 25. März 1977, Bl. Uwe-Frithjof Haustein an Karl Czok v. 12. März 2006.

die Geschichte der Arbeiterbewegung orientieren. Eine solche Ausrichtung war zwar politisch motiviert und fachlich angesichts der bisherigen allgemeinen Schwerpunktsetzung in Lehre und Forschung verständlich, aber dafür einen Mediävisten und Stadtgeschichtler auszuwählen, ein völliger Missgriff. Auf der Argumentationsgrundlage, dass seine Berufung von 1966 auf „Deutsche Regionalgeschichte" lautete, protestierte er gegen diesen willkürlichen Eingriff und betrieb seine universitären Aufgaben wie bisher. Repressalien indessen gab es nicht. Die Universitätsführung nahm es offenbar hin bzw. akzeptierte den Einspruch. Demoralisierend sei es anfangs allerdings gewesen, betonte Karl Czok im Interview.[72] Lediglich die oben erwähnte (verbale) Fachgebietsänderung – von Regionalgeschichte auf Territorialgeschichte (Sachsen) – erfolgte 1984.[73] Gewissermaßen „als Ergänzung zur Berufungsurkunde vom 1.9.1969", wie es amtlich hieß.[74]

1966 wurde Karl Czok zum Mitglied der Historischen Kommission bei der Sächsischen Akademie der Wissenschaften zu Leipzig gewählt,[75] die unter unterschiedlichen Bezeichnungen und Zuordnungen auf mehrjährige Anlauf-Initiativen von Karl Lamprecht (1856–1915) zurückging und schließlich als sächsisches, geschichtlich orientiertes Forschungsorgan 1896 ihre Arbeit aufnahm, betonte auch Gerald Wiemers (1941–2021).[76] Von 1978 bis 1989 agierte er als deren stellvertretender Leiter und war damit lt. Arbeitsordnung in die Tätigkeit der Kommission intensiv eingebunden.[77] In einem beiläufigen Gespräch bemerkte er, es falle da viel Kleinkram an, auch

72 Interview, S. 26.

73 B. C., Berufung v. 4. Juli 1984.

74 UAL, PA 3459, Bl. 32 und B. C., Urkunde v. 4. Juli 1984.

75 Geschichtsforschung in Sachsen. Von der Sächsischen Kommission für Geschichte zur Historischen Kommission bei der Sächsischen Akademie der Wissenschaften zu Leipzig 1896–1996, Red.: Reiner Groß, Helmar Junghans, Manfred Unger, Gerald Wiemers (= Quellen und Forschungen zur sächsischen Geschichte, 14), Stuttgart 1996, S. 150.

76 Geschichtsforschung in Sachsen, S. 14.

77 Ebd., S. 148, 185–192.

bürokratischer, aber die „dicken Brocken“ sorgten dafür, dass diese Dinge verschwindend klein wurden. Und das, mein Lieber, gelte heute immer noch.

Und mir wurde Stück für Stück klar, was sich hinter diesen Äußerungen verbarg, die, wie mir damals schien, etwas von „Betrübnis“ und „Bitterkeit“ in sich hatten, denn in dieser Periode spielten die Auseinandersetzungen um Wesen und Inhalt von Regionalgeschichte und Landesgeschichte und das „Jahrbuch für Regionalgeschichte“, in die Karl Czok intensiv involviert war, eine besondere Rolle.[78] Dazu sind einige separate Ausführungen nötig.

Nach langen Bemühungen um die Wiederbelebung der Traditionen und vielen Differenzen und Querelen innerhalb des Hansischen Geschichtsvereins nach 1945 erfolgte am 5./6. Oktober 1955 in Leipzig die Konstituierung der Hansischen Arbeitsgemeinschaft in der DDR. Der Initiator war Heinrich Sproemberg. Sie hatte ihren Geschäftssitz „in der Abteilung Landesgeschichte des Instituts für deutsche Geschichte an der Universität Leipzig, Peterssteinweg 2–8“, und als ihre wissenschaftlichen Sekretäre arbeiteten Sproembergs Assistenten Gerhard Heitz (1925–2021) und Manfred Unger (1930–2016). Die HAG, so Eckhard Müller-Mertens (1923–2015), spielte bei der Entwicklung der Mediävistik in der DDR eine wesentliche Rolle.[79]

Nach Sproembergs Tod 1966 wurde Eckhard Müller-Mertens als Vorsitzender der „DDR-Hanseaten“ gewählt; ihm stand ein „hochkarätiger“ Arbeitsausschuss zur Seite, dem Friedrich Beck (*1927) und Johannes Schildhauer (1918–1995) sowie Evamaria Engel (*1934), Karl Czok, Adolf Laube (*1934), Günter Vogler (*1933), Konrad Fritze (1930–1991) u. a. angehörten.

78 Ebd., S. 103–115. Reiner Groß: Die Historische Kommission …, in der DDR, und S. 138.

79 Eckhard Müller-Mertens: Hansische Arbeitsgemeinschaft 1955 bis 1990. Reminiszenzen und Analysen (= Hansische Studien 21), Trier 2011, S. 3–9.

Trotz vieler Spannungen – nach Müller-Mertens „oft bis zum Eklat“ – gab es einen tragenden Konsens für den Ausschuss:

> Für alle galt das Ethos, die Geschichtswissenschaft ‚lege artis‘ zu betreiben, der objektiven Erkenntnis und Wahrheit zu dienen, andere Standpunkte, auch die ‚bürgerlichen‘, nichtmarxistischen zu respektieren und zu akzeptieren.[80]

Karl Czok, 1966 bis 1986 im Arbeitsausschuss v. a. für den wettinisch/mittelelbisch/lausitzischen Bereich zuständig, bemühte sich intensiv um die städtische Traditionspflege und hielt an acht Orten diesbezügliche Vorträge, thematisch meist aus seinem stadtgeschichtlichen Forschungsspektrum stammend oder dasselbe berührend.

Seit 1972 wurde an der Pädagogischen Hochschule Magdeburg über die „Haupttendenzen der europäischen Stadtgeschichte im 14. und 15. Jahrhundert“ diskutiert. Es war daher ein folgerichtiger Schritt, die dort etablierten wissenschaftlichen Potenzen auszuweiten und auch auf das internationale Parkett zu bringen. So entstand unter dem Dach der Historiker-Gesellschaft der DDR die Fachkommission Stadtgeschichte, die im November 1974 ihre erste Konferenz abhielt und zu deren berufenen Mitgliedern u. a. die Mediävistin Evamaria Engel, der Hanse-Historiker Konrad Fritze, der Thüringenhistoriker Werner Mägdefrau (1931–2021) und der Sozial- und Messehistoriker Manfred Straube (*1930) gehörten. Karl Czok wurde gleichfalls Mitglied dieses Leitungsgremiums, das unter Führung von Mittelalterhistorikerin Erika Uitz (1931–2009) die Geschäfte der Kommission lenkte.[81] Beide Gremien, HAG und

80 Ebd., S. 21, 28, 52 f., 65, 69, 79, 130, 150, 165.

81 Eva Papke (Red.): Stadtgemeinde und Stadtbürgertum im Feudalismus, Magdeburg 1976. Vgl. v. a. die glänzende Analyse von Evamaria Engel: Die Fachkommission Stadtgeschichte der Historiker-Gesellschaft der DDR und ihre internationalen Kontakte. Versuch einer Annäherung an ihre Geschichte. In: Helmut Bräuer, Gerhard Jaritz, Käthe Sonnleitner (Hg.): Viatori per urbes castraque: Festschrift für Herwig Ebner zum 75. Geburtstag (= Schriftenreihe des Instituts für Geschichte, Graz 14), Graz 2003, S. 143–166, hier S. 143 f.

Fachkommission Stadtgeschichte, haben ihre Jahrestagungen bzw. Konferenzen wechselweise in unterschiedlichen Städten der DDR durchgeführt. Aus dem Bezirk Karl-Marx-Stadt ist mir von Geschichtslehrern bekannt, dass sie gern an diesen Veranstaltungen teilgenommen haben, weil dies eine effektive Form der Weiterbildung gewesen sei. Und von Karl Czok kann ich bestätigen, dass er in Programmangelegenheiten und zu Fragen der Tagungsvorbereitung für beide Seiten „Vermittlungsarbeit" leistete, die oft nur telefonisch stattgefunden habe, also nicht schriftlich belegt ist. Die Vorsitzende der Fachkommission, Erika Uitz, meinte, sie sei dankbar für Karl Czoks Referenten-Auftritte und Referentenbeschaffung sowie die umsichtigen Hilfen bei den Tagungsorganisationen. Dabei ginge es um alle Probleme, die von Berlin aus nicht zu klären waren, sondern zwingend den lokalen Zugang erforderten.[82]

Ein reichliches Jahrzehnt nach seiner Zuwahl zur Historischen Kommission wurde Karl Czok am 25. März 1977 zum Ordentlichen Mitglied der Sächsischen Akademie zu Leipzig gewählt.[83] Vorgeschlagen hatte ihn bereits 1975 Ernst Werner (1920–1993).[84] Dieses 1846 gegründete Gremium vereinigt heute Spitzengelehrte aus dem mitteldeutschen Raum in drei Abteilungen – Mathematisch-naturwissenschaftliche, Philologisch-historische und Technikwissenschaftliche Klasse. Die SAW dient dem wissenschaftlichen Gedankenaustausch sowie der Anregung und Förderung von Forschungen.[85] Durch seine intensive Vortragstätigkeit hat Karl Czok selbst im Sinne dieser generellen Aufgabe der Akademie gewirkt und wurde daher 1981 zum Mitglied des Präsidiums der SAW gewählt – eine Funktion, die er bis 1989 ausgeübt hat.

---

82 Evamarie Engel: Die Fachkommission Stadtgeschichte, S. 149, 153 f., 156 f.

83 B. C., Schreiben des Präsidenten Uwe-Frithjof Haustein v. 5. Dezember 2006 und Mitglieder-Seriendruck v. 30. Oktober 2006.

84 SAW-Archiv, Hist. Komm., Antrag v. 13. August 1975.

85 175 Jahre Sächsische Akademie der Wissenschaften zu Leipzig. Ein historischer Rückblick von den Anfängen bis heute. Dokumentiert von Manfred Rudersdorf. In: SAW_Jahrbuch_2019–20_Online, S. 12–32 [Zugriff v. 8. 12. 2023].

Beispielsweise sprach er im März 1983 in der Klassensitzung über „Karl Lamprechts Wirken an der Leipziger Universität", wozu er umfangreiche Archiv-Studien betrieben hatte, und er verband das Problem einleitend mit einer persönlichen Reminiszenz:

> Als Student vor mehr als 35 Jahren an die alma mater Lipsiensis gekommen, wurde dessen [Lamprechts, H. B.] Werk für mich in der Nachkriegszeit zu einem hervorragenden Studienerlebnis. Es waren die Jahre, als Bücher noch zur „Mangelware" zählten. Da beeindruckten die ersten Bände seiner „Deutschen Geschichte" tief, die Art der Darstellung, die breite Berücksichtigung der Wirtschafts- und Kulturgeschichte und das persönliche Engagement in der Historiographie. Alles war für den jungen Studierenden hervorragend miteinander verklammert ...[86]

Ich habe ihn 2001 im Interview nach der Rolle dieser Gelehrtengesellschaft und dem Wert für ihn selbst befragt, und er hat mir freimütig gestanden:

> Die „Periode offenen und aufgeschlossenen Wirkens ging für mich um 1990 zu Ende, wofür es vielerlei Gründe – gesellschaftliche, politische, persönliche und andere – zu nennen gäbe. Auf eines aber möchte ich außerdem unbedingt noch verweisen: Ich habe mich stets um ein kollegiales und von Respekt bestimmtes Verhältnis zu den Angestellten der Akademie bemüht, und ich bin von ihnen dafür reich belohnt worden. Und wenn Du nach einem Fazit fragst, kann ich das auf einen einfachen Nenner bringen: Die Akademie war für mich lange Jahre hindurch eine wichtige Heimstatt.[87]

---

86 Karl Czok: Karl Lamprecht an der Universität Leipzig (= Sitzungsberichte der Sächsischen Akademie der Wissenschaften zu Leipzig. Philologisch-historische Klasse, 124, H. 6), Berlin 1984, S. 4.

87 Interview, S. 31.

Diesen Standpunkt vertrat er auch in einem Interview für das Sächsische Tageblatt, als ihn Gerald Wiemers 1986 nach seinem Verhältnis zur Akademie befragte.[88] Man nimmt es daher mit Betroffenheit zur Kenntnis, wenn er im Dezember 2006 angesichts seines Gesundheitszustandes die Sitzungsteilnahme aufgeben musste, obgleich das der SAW-Präsident Haustein bedauerte und bestimmte „Erleichterungen“ angeboten hatte.[89] Indes: Es ging nicht mehr. Körper und Geist begannen Grenzen zu markieren, und offen und ohne Einschränkungen zeigte er dem Präsidenten der Akademie seine Beschwerden und sein Unvermögen an.[90]

Gab es nach dem I. Weltkrieg bereits internationale Bemühungen zur Gründung einer Vereinigung der Städtehistoriker, die 1926 zum Committee of Historical Sciences (CISH) führte, so wurde nach dem II. Weltkrieg diese Idee eines wissenschaftlichen Forums für vergleichende Städtegeschichte wieder neu belebt. Als maßgebliche Initiatoren zählten dabei der Tschechoslowake Hermann Aubin (1885–1969), der Schweizer Hektor Ammann (1894–1967) und die Deutsche Edith Ennen (1907–1999). Auf dem Internationalen Historikertag in Rom wurde die Vereinigung im September 1955 als Commission Internationale pour l'Histoire des Villes gegründet. Zu ihren hauptsächlichen Aufgaben zählt der internationale Gedankenaustausch der Städtehistoriker, unter den Projekten, die die Kommission betrieb, v.a. die Atlas-Arbeit und die Bibliografie. Die Bonner Archivarin und Historikerin Edith Ennen hat – nach beträchtlich ausgedehnten Recherchen, wie Karl Czok berichtete – den Vorschlag gemacht, den DDR-Historiker Czok als Mitglied aufzunehmen. Er selbst war über die Arbeit von Frau Ennen voll des Lobes und wusste sie auch menschlich außerordentlich zu schätzen.

88 Gerald Wiemers: Für 1987 kündigt sich August der Starke an. Im Gespräch mit Prof. Dr. Karl Czok, Leipzig. In: Sächs. Tageblatt v. 5. April 1986.

89 B.C., Schreiben des Präsidenten v. 5. Dezember 2006 und korrigierter eigener Briefentwurf v. 7. Dezember 2006.

90 SAW-Archiv, Czok, Karl, Zuwahl 25. März 1977. Karte von K. Czok an den SAW-Präsidenten vom Dezember 2006.

Ihr Auftreten sei von Kulanz und wissenschaftlicher Präzision, von Warmherzigkeit, Perfektion und Weitsicht bestimmt gewesen.

Der gewichtige Aufnahmeakt wurde 1973 unter Philippe Wolff (1913–2001) von der Universität Toulouse vollzogen, der von 1968 bis 1982 die Präsidentschaft der Commission innehatte.[91] Die offizielle Mitgliederliste allerdings gibt an: Mitglied 1976[?]–1992, Ehrenmitglied 1993–2014[?].

Karl Czok hat die Arbeit der Kommission sehr geschätzt und als innovativ bezeichnet, und er war umso mehr betrübt, wenn er aus politischen oder gesundheitlichen Gründen nicht zu den Beratungen reisen konnte, die er als gewinnbringend, allerdings auch strapaziös in Erinnerung behielt.[92]

1969 war in Linz der Österreichische Arbeitskreis für Stadtgeschichtsforschung gegründet worden, der unmittelbar mit dem Namen des dortigen Stadtarchivars Wilhelm Rausch (1927–2019) verbunden ist. Der inhaltlich eng an die Konzeption der Commission Internationale pour l'Histoire des Villes angelehnte österreichische Arbeitskreis wählte Karl Czok 1974 zum Korrespondierenden Mitglied und bot ihm die Chance, mit Vorträgen an den Tagungen dieses Gremiums teilzunehmen. Das nutzte er mit der Präsentation von Ergebnissen der Stadtgeschichtsforschung in der DDR zwischen Mittelalter und 19. Jahrhundert – 1980 zu Vorstädten, 1981 zu städtischen Volksbewegungen, 1982 zu Kultur und Baukunst, 1983 zu Vororten und industrieller Revolution, 1984 zur Kommunalpolitik.

Die den Referaten folgenden Debatten seien stets in reger kollegialer und sachlich-offener Tonart geführt worden und hätten wohl für alle Teilnehmer einen erheblichen Wissenszuwachs gebracht,

---

91 SAW-Archiv, Hist. Komm., Akademiemitglieds-Antrag v. Ernst Werner v. 13. August 1975 gibt an: 1973. Vgl. auch: Helmut Bräuer: Prof. Dr. Karl Czok (12. 3. 1926–18. 7. 2013) in Memoriam. In: Newsletter of the International Commission for the History of Towns 35 (2014), S. 15. Vgl. auch: Engel, Fachkommission Stadtgeschichte der DDR, S. 147 f.

92 Zur Aufnahme in die Commission vgl. Interview, S. 24 f. Außerdem: https://wikipedia.org [Zugriff vom 10. Oktober 2023].

war die Einschätzung Karl Czoks. Und er fügte hinzu: Aus unterschiedlichen Akademiekreisen in Leipzig habe er vernommen, dass es nicht auf allen internationalen Fach-Konferenzen eine vergleichbar angenehme Atmosphäre gegeben habe – aber so sei das eben im Zeitalter des Kalten Krieges gewesen.

Es versteht sich also, dass er diese Diskussions-Zusammenkünfte gern und mit Gewinn besuchte. Und es ergaben sich daraus auch Kontakte zu vielen anderen Geschichtswissenschaftlern in Österreich, so zu Felix Czeike (1926–2006), Peter Csendes (*1944), Helmut Konrad (*1948), Ferdinand Opll (*1959) oder Heinz Dopsch (1942–2014). Andererseits konnten österreichische Kollegen zu Vorträgen nach Leipzig eingeladen werden, die zumeist Gäste der Sächsischen Akademie waren – insbesondere Herwig Ebner (1928–2010), Josef Ehmer (1948–2023) und Gerhard Jaritz (*1949) müssen genannt werden, selbst wenn viele andere Kolleginnen und Kollegen „mitgemeint" sind.

Und – um nur ein Ereignis als Exempel zu nennen – ich kenne noch eine Reihe von Leipziger Kollegen und vormals Studierenden, die enthusiasmiert den Vortragssaal der SAW in der Goethestraße verließen, nachdem sie Herwig Ebners klassisch-strenge und doch faszinierend-lockere (eben Grazer) Präsentation über österreichische Bergstädte und Bergmärkte gehört hatten. Karl Czok sorgte dann dafür, dass der Vortrag umgehend gedruckt werden konnte.[93]

Zu den Ebner-Vorträgen sei v.a. Eva Engel herangezogen, die die gleichen Beobachtungen gemacht und ebensolche Eindrücke gesammelt hatte, zumal sich das im Falle des Grazers mit dem Charme des Österreichers und der persönlichen Freundlichkeit des steirischen Historikers bündelte.[94]

Gegenseitige Autorschaften bei Festschriften (Czok-Ebner/Ebner-Czok) ergaben sich auf diesem Wege automatisch,[95] wie auch

93 Vgl. Herwig Ebner: Österreichische Bergbaustädte und Bergbaumärkte im Mittelalter und in der frühen Neuzeit. In: JbfRegG 16 (1989) 1, S. 57–72.

94 Evamaria Engel: Die Fachkommission Geschichte, v.a. S. 150–166, sowie die dort jeweils genannten Tagungsberichterstattungen.

95 Karl Czok: Die Nachbarschaftsartikel für die Leipziger Vorstädte vom Jahr

Herwig Ebners Mitherausgeber-Tätigkeit einiger Bände des Jahrbuchs für Regionalgeschichte fast schon eine Selbstverständlichkeit war.[96]

Es sind dies offenbar spannende und erfüllende Jahre im Leben des Leipziger Historikers gewesen, wenn er im Interview sagte: Die wissenschaftlichen Anregungen und Herausforderungen in der Zusammenarbeit mit den österreichischen Kolleginnen und Kollegen seien immer mehr als fruchtbar gewesen

> und für mich stets menschlich berührend. Ich hatte immer den Eindruck, gleichberechtigter Gast zu sein und habe mich dort mehr als nur wohlgefühlt.[97]

Und eigentlich atmet jede Partie der Analyse von Eva Engel über die „Fachkommission Stadtgeschichte" diesen Geist, so dass es nicht eines einzelnen Belegs bedarf.

Zu all dem kam eine Ausweitung der Reisetätigkeit Karl Czoks, die im Zusammenhang mit den internationalen Verpflichtungen stand, die wiederum mit entsprechenden Vortragsaufgaben gesehen werden müssen, denn in vielen Fällen schlossen sich an die jeweiligen Tagungen oder Kolloquien zusätzliche Präsentationen an. Karl Czok meinte dazu: „Besonders meine Beiträge zur Stadtgeschichte fanden internationale Beachtung" – etwa in Praha und Plzen, Olomouc, Brno und Debrecen, Lublin und Nowy Sacz, aber auch in Wien, Münster, Kopenhagen, Linz u.a. Städten.[98] Im Privatgespräch be-

---

1550. In: FS für Herwig Ebner, Graz 2003, S. 131–142. – Herwig Ebner: „in cimiterio …". Der Friedhof als Beurkundungsort. In: Die Stadt als Kommunikationsraum … FS für Karl Czok …, Leipzig 2001, S. 121–128.

96 Zur „gesamten" Darstellung der Kontakte vgl. Helmut Bräuer: Karl Czok und die Stadtgeschichtsforschung in Österreich. Ein Nachruf. In: PRO CIVITATE AUSTRIAE. Informationen zur Stadtgeschichtsforschung in Österreich, NF 18 (2013), S. 45–48. Außerdem: Interview, S. 26.

97 Interview, S. 26.

98 UAL, PA 3459, Bl. 22, Lebenslauf v. 8. Februar 1981.

dauerte Karl Czok: Von manchem Ort habe er leider nicht sehr viel gesehen, es sei eher ein Durchlauf von Termin zu Termin gewesen. Konferenzreisen haben halt ihre Absolvierungsriten, fügte er hinzu, seit eh und je …und gleichgültig, wo sie sich vollziehen. Und, meinte er trocken, er kenne schon ein paar Kollegen, die hier und da mal kurz von der Exkursionsgruppe abwesend waren und danach den Wein lobten. Aber er habe „solcherlei Frevel" natürlich nicht begangen … Und nun könne ich ihm die weißen Flügel bestellen … Allerdings gab es auch die Möglichkeit zu persönlichen Kontakten. So schrieb mir im Januar 2024 Franklin Kopitzsch aus Hamburg:

> Gern denke ich an die Begegnungen mit ihm bei Tagungen des Österreichischen Arbeitskreises für Stadtgeschichtsforschung im Oktober 1976 in Wels und im Oktober 1978 in Salzburg zurück. Unvergessen sind die offenen und anregenden Gespräche bei dem Stadtrundgang in der Mittagspause in Wels und bei einem Abendessen im Augustinerbräu in Salzburg über familiäre und persönliche Lebenswege, über den Vergleich von Hamburg und Leipzig im 18. Jahrhundert und über Aspekte der Regional- und Landesgeschichte.[99]

Diese Tagungsaufenthalte und -reisen verlangten stets ein besonderes Prozedere, das mit Leipziger Instituts- bzw. Rektoratsgenehmigungen verbunden war, was wiederum eine entsprechende Reiseberichterstattung einschloss. Vor allem die Konferenzteilnahmen im westlichen Ausland standen dabei im Blickfeld. Überliefert sind solche Genehmigungen beispielsweise zwischen 1973 und 1977, doch wurde stets darauf verwiesen, dass Karl Czok als Repräsentant der Geschichtswissenschaft der DDR fahre, der für sein Fach eine angesehene und geachtete Stellung genieße.[100] Aber, das sei hinzugefügt, diese Position auszufüllen und die dazugehörigen Nebenaufgaben zu erledigen, kostete Kraft.

99 Brief vom Januar 2024.
100 UAL, PA 3459, Bl. 44, 46, 50, 61 und 64.

Die sich anschließende Periode setzte noch einmal andere Wegmarken: Am 12. Juli 1981 trug er in der Klassensitzung der Sächsischen Akademie ein Referat mit dem Titel „Über Traditionen sächsischer Landesgeschichte" vor, das 1983 in den Sitzungsberichten im Druck erschien.[101] Dass das im Kontext mit der damals aktuellen und oft kontrovers geführten Debatte um „Erbe und Tradition" stand, bedarf sicher keiner gesonderten Erläuterung. Indessen war in dieser Zeit die Gesprächsphase zum Thema längst in die Periode der praktischen Umsetzung des Konzepts von der „gesamten Geschichte" des Landes oder der jeweiligen Region hinübergeführt worden: Karl Czok hatte in der Historischen Kommission vorgeschlagen, eine „breite" oder thematisch weit gespannte „Geschichte Sachsens" zu schreiben, was von den Sitzungsteilnehmern akzeptiert worden war, so dass der Initiator mit der Ausarbeitung einer Konzeption beauftragt werden konnte.

Bereits 1986 lag das Manuskript der zehn Autoren vor. Querelen schoben die Fertigung des Buches hinaus,[102] doch waren die 10.000 Exemplare rasch über die Tische in den Buchläden gegangen.[103] Es ging um einen materialistischen Ansatz und ein Konzept, das unter dem Begriff „Landesgeschichte" auch das Land in seiner „Gesamtheit" verstand – von der Ur- und Frühgeschichte bis zu den 1950er Jahren, vom Adel bis zu Mägden und Knechten im Dorf. Und die dem Land zu unterschiedlichen Zeiten seinen jeweiligen Platz in größeren Räumen zuwies, aber auch das Besondere markierte, das „das Sächsische" vom „Preußischen" oder „Bayerischen" abhob.

Es war folglich eine komplizierte und komplexe Aufgabe, die Karl Czok mit seinen Mit-Autoren und Zuarbeitern zu leisten hatte, zumal die visuelle Ausstattung des Werkes mit 235 Abbildungen

101 Karl Czok: Über Traditionen sächsischer Landesgeschichte (= Sitzungsberichte der SAW, Phil.-hist. Klasse, Bd. 123, H. 4), Berlin 1983.

102 Reiner Groß: Möglichkeiten und Grenzen landesgeschichtlicher Arbeit in der DDR. In: Geschichtsforschung in Sachsen, S. 110 f.

103 Geschichte Sachsens. Im Auftrage der Historischen Kommission der Sächsischen Akademie der Wissenschaften zu Leipzig und mit Unterstützung der Karl-Marx-Universität Leipzig. Herausgegeben von Karl Czok, Weimar 1989.

und 22 Karten den hohen Anforderungen an eine „Landesgeschichte" genügen sollte und es schließlich auch tat.

Dass in diesen Jahren zugleich „August der Starke und Kursachsen" bei Koehler & Amelang (1987), „August der Starke und seine Zeit" bei Edition (1989) und „Am Hofe Augusts des Starken" ebenfalls bei Edition (1989) erschienen,[104] waren drei gewichtige Paukenschläge, die von den bisherigen Stadt-Konzentrationen seiner Arbeit abwichen und – auch wegen ihrer opulenten Gestaltung, an der Reiner Groß erheblichen Anteil hatte – den Ruf Karl Czoks als Landeshistoriker befestigten.

Wer in einem knappen Jahrzehnt eine solche Arbeitsleistung mit Bravour vollbringt, verdient wahrlich höchsten Respekt – zumal die jeweils angesprochene Leserschaft von wissenschaftlichen Kreisen über studentische bis zu historisch interessierten „Laien" reichte.

Nach der Mitte der 1980er Jahre verschlechterten sich seine Krankheitsbilder. Ärztliche Bemühungen liefen mehr und mehr ins Leere. Phasen, in denen es ihm auffallend schwerer fiel, die universitären Tagesaufgaben zu bewältigen, nahmen zu. Ein diffiziler Gang stand ihm bevor, und viele in der Sektion ahnten das, einige wussten es. Schließlich wandte er sich am 1. September 1987 an Rektor Lothar Rathmann (1927–2022):

> Magnifizenz!
> Nach 35jähriger Wirksamkeit in Lehre, Erziehung und Forschung an der Karl-Marx-Universität bin ich nun leider aus Krankheitsgründen [...] gezwungen, meine Arbeit an unserer Universität einzustellen. Ich habe in all diesen Jahren mit großem Einsatz versucht – mit Unterstützung der Sektion Geschichte – meinem Fachgebiet, der regionalen und speziell sächsischen Geschichte

104 Karl Czok: August der Starke und Kursachsen, Leipzig 1987. Ders.: August der Starke und seine Zeit. Kurfürst von Sachsen, König in Polen, Leipzig 1989. Ders.: Am Hofe Augusts des Starken, Leipzig 1989.

> sowie der Stadtgeschichte, Beachtung und Anerkennung in unserer Republik und im sozialistischen wie kapitalistischen Ausland zu verschaffen [...]. Wenn ich Sie daher bitten muß, meine Emeritierung zu veranlassen, dann möchte ich damit den dringenden Wunsch verbinden, meinem Fachgebiet auch weiterhin gebührende Aufmerksamkeit zu schenken [...]. Damit hätte ich die Gewißheit, daß meine jahrzehntelange Arbeit eine würdige Fortsetzung findet und die Sektion Geschichte einen Wissenschaftsbereich erhält [im Sinne von: bewahrt, H. B.], der für die Ausbildung und Erziehung der Studenten von großer Bedeutung ist.[105]

Rektor Lothar Rathmann führte daraufhin am 12. Oktober 1987 ein Gespräch mit Karl Czok, in dem seine Verdienste anerkennend hervorgehoben wurden. Mit der vorzeitigen Emeritierung infolge der Invalidisierung zum 1. Oktober 1987 wurden die weiteren Betätigungsräume abgesteckt: Mitarbeit in der Forschungsgruppe, Gutachterarbeit für Graduierungen, Weiterführung des Oberseminars zur sächsischen Geschichte und regionalgeschichtliches Kolloquium. Die Universität gewährte andererseits einen Arbeitsplatz und sagte für Lehrtätigkeit eine Honorarvereinbarung zu.[106] Der Minister genehmigte die Emeritierung zum 1. Dezember 1987.[107]

Die kontroversen Debatten rings um die Ereignisse von 1989/90 vor der Haustür des Uni-Gebäudes waren noch in vollem Gange. Auch innerhalb der Sektion. Es ging nicht immer freundlich zu. Dafür sorgten nicht zuletzt die Tag für Tag im 24-Stunden-Dauer-Rhythmus ankommenden „Nachrichten von außen“ – auch von Montagsgebeten in der nahen Nikolaikirche und Demonstrationen. Sie bliesen den Wind in die Segel – oder soll man sagen: Sie heizten auf?

---

105 B. C., Schreiben/Emeritierungsersuchen v. 1. September 1987.

106 B. C., Festlegungen zur Emeritierung v. 12. Oktober 1987.

107 B. C., Urkunde v. 23. November 1987.

Die ersten SED-Angehörigen aus der Sektion Geschichte trugen ihre Mitgliedsbücher in die 24. Etage. Die einen still, die anderen aufgebracht. An einem Tag Ende Januar 1990 fuhr auch Karl Czok mit dem Lift eine Etage nach unten. Er gab aber nicht nur sein Mitgliedsbuch ab, sondern reichte noch eine schriftliche Begründung für diesen Schritt über den Tisch – daheim gefertigt und wohlüberlegt. Offen, ohne Umschweife. Und ohne Widerrede. Eben: Karl Czok.

> Erklärung
> Seit nunmehr über 40 Jahren gehörte ich der Sozialistischen Einheitspartei an. Die gegenwärtigen Ereignisse und die politische Lage haben jedoch Bedingungen geschaffen, die meinen Verbleib in der jetzigen Partei nicht mehr erlauben, weil ihre Grundsätze und Ziele in der Gegenwart nicht mehr zu verwirklichen sind […]. Politischen, sozialen, ethischen und demokratischen Überzeugungen werde ich mich nach wie vor verpflichtet fühlen. Eine künftige parteipolitische Bindung kommt für mich nicht mehr infrage.[108]

Diese Enttäuschung schlug auch auf seine Zugehörigkeit zum Präsidium der Sächsischen Akademie durch. An Präsident Werner Bahner (1927–2019), mit dem Karl Czok persönlich lange Jahre einen guten Faden gesponnen hatte, schrieb er:

> Infolge der politischen Veränderungen in unserer Republik sehe ich es nicht mehr als berechtigt an, dem Präsidium unserer Akademie anzugehören, da die Bedingungen für meine Mitwirkung entfallen sind.

Er versicherte ihm aber nochmals, dass es eine fruchtbare Zusammenarbeit gegeben und dass stets ein kollegiales Verhältnis ge-

108 B. C., Erklärung v. 28. Januar 1990.

herrscht habe.[109] Ich fragte ihn später im Interview, wenngleich in anderem Zusammenhang, ob er sich dennoch „als kritischen Marxisten" verstehe. Er lachte damals und meinte:

> Warum sollte ich das zurückweisen? Natürlich ist das so. Aber Du weißt selbst zur Genüge, daß es im Denken Veränderungen, Wandlungen und Entwicklungen gibt, daß bestimmte Positionen geprüft und verworfen und andere für brauchbarer anerkannt werden [...], aber daß ich nun die derzeitige kapitalistische Gesellschaft etwa für sozial gerecht halten würde, ist daraus keineswegs zu schließen [...].[110]

Die Jahre nach 1990

Turbulenzen, Evaluierungen mit Personal-Konsequenzen, Neustrukturierungen, Abwicklungen, Rehabilitations- und andere Kommissionen, Unrechts- und Diktaturlosungen oder Recht und Demokratie im neuen Gewand, Reisen und Freiheiten ... waren einige Schlagworte dieser ersten Monate. Sie wurden abgelöst durch solche, die bislang weniger den Alltag bestimmten, aber tief in die Substanz griffen: Arbeitsamt, Projekte, Drittmittel, neue Ämter und Gesichter, Rechtsmittel und Formulare, gewandelte zwischenmenschliche Verkehrsformen ... Aber viele Vokabeln der 1990er Zeiten schleppen sich weiter: Rückbau, Supermarkt und volle Regale, Werbung, Autos ... Und natürlich: Wir sind die Guten!

Karl Czok war im August 1991 in die Rehabilitationskommission der Universität[111] gewählt/bestimmt worden, von der ihn Rektor Cornelius Weiss (1933–2020) im Mai 1995 wieder entpflichtete.[112]

---

109 SAW-Archiv, K. Czok an Präsident Bahner v. 8. Dezember 1989.

110 Interview, S. 30.

111 B. C., Ermächtigung v. 14. August 1991, und Vita v. 4. April 1995.

112 UAL, PA 3459, Bl. 5.

In welchen „Verfahren“ er eine Rolle spielte, bleibt wohl bis zur nächsten „Eröffnung“ geheime Verschlusssache.

Am 13. Mai 1992 beauftragte ihn das Sächsische Staatsministerium für Wissenschaft und Kunst „mit der Wahrnehmung eines Professorenamtes neuen Rechts“.[113] Er war stolz darauf – ohne sämtliche Rundum-Ereignisse gutzuheißen.

Nun hielt er wieder Vorlesungen. Und bekam beträchtlichen Zulauf von Studierenden und wissenschaftlichen Mitarbeitern. Er hat mir anlässlich eines Besuchs gestanden, dass er sich auf das „Risiko-Vorhaben“ mit höchst gemischten Gefühlen eingelassen habe. Mehrere Tage sei er unsicher gewesen, aber dann hätte ihn sein „alter Elan“ gepackt, er habe seinen „Kram“ genommen und sei mit neuer Zuversicht zum Hörsaal gegangen.

Daran habe ich ihn im Interview 2001 erinnert. Und nun aus der Distanz eines Jahrzehnts meinte er, dass er in seinen Vorlesungen 1991/92 „zum ‚Augusteischen Zeitalter‘ und zum Rétablissement in Sachsen“ nicht allein gut angekommen sei, er habe auch viele Hörer aus anderen Fakultäten gehabt und das „hat mich nicht schlechthin nur gefreut, sondern war mir eine außerordentlich wertvolle Bestätigung für die bisher geleistete Arbeit“.[114] An das 1979 an der KMU eingerichtete „Veteranen-Kolleg“, das nach 1990 unter dem Namen „Senioren-Colleg“ und neuem „Aufputz“ weitergeführt wurde, erinnern sich gewiss noch manche Hörerinnen und Hörer –[115] Karl Czok hat es viel Freude bereitet.

Eine Lehrkanzel oder ein Vortragspult waren für ihn keine Orte zum „Ausgießen seines Geistes“ oder zur Verkündung der absoluten Wahrheit, sondern Plätze, von denen aus kritisches Nachdenken beim Auditorium provoziert werden konnte. Und er fühlte sich

113 B.C., Beauftragung v. 13. Mai 1992, und Vita v. 4. April 1995. SAW-Archiv, Hist. Komm., Staatsminister v. 13. Mai 1992 an Karl Czok und Karl Czok an Präsident Haase v. 15. Juni 1992, Mitteilung über die Wahrnehmung eines Professoren-Amts neuen Rechts v. 13. Mai 1992.

114 Interview, S. 32.

115 Susann Huster: Seniorenkolleg feiert 40jähriges Bestehen. In: Universität Leipzig, Pressemitteilung v. 4. Oktober 2019.

niemals unterbrochen oder gar gestört, wenn sich eine Hand aus dem Zuhörerkreis hob und von dort eine Frage gestellt wurde…

Als Karl Czok 1991 seinen 65. Geburtstag beging, würdigte Prorektor Günther Wartenberg (1943–2007) den Jubilar so:

> In Ihrer Person verknüpfen sich auf ideale Weise historische Forschung mit einer engagierten Tätigkeit in der akademischen Lehre. Viele Studentengenerationen – zu denen auch ich mich zählen kann – wurden von Ihnen in die Dimensionen regionalwissenschaftlicher Forschungen eingeführt. Ihre stadtgeschichtlichen Untersuchungen […] gehören auch heute noch zu den bekannten regionalhistorischen Publikationen […],[116]

während Rektor Cornelius Weiss in seiner Grußbotschaft vor allem Karl Czoks internationales Ansehen und die Zugehörigkeit zur Internationalen Kommission für Städtegeschichte hervorhob.[117]

Zwischen den Aussprachen über neue gültige Rechtsregeln und Kommissionssitzungen über Kommissionssitzungen in Personalsachen blieb in diesen 1990er Jahren dennoch Zeit für die wissenschaftliche Arbeit. Allein von „August der Starke und seine Zeit" mussten für den Akademie Verlag Berlin 1991, für Edition Leipzig 1997 eine 3., neu gestaltete und erweiterte sowie 2004 eine 4. Auflage, für Weltbild Augsburg 2005 und für Piper München 2006 eine Taschenbuchausgabe vorbereitet werden.

Und dennoch kehrte Karl Czok historiografisch nochmals „nach Leipzig" zurück. Angestoßen von den Friedensgebeten in der Nikolaikirche legte Edition Leipzig 1992 in der Reihe „Museen, Sammlungen, Denkmale" Karl Czoks „Die Nikolaikirche Leipzig" vor – eine illustrierte, populäre Geschichte der Kirche von ihren Anfängen

116 B.C., Glückwunschschreiben v. 11. März 1991.

117 B.C., Glückwunschschreiben v. 12. März 1991.

bis in die Zeit von 1989, die den Platz der Kirche in der Geschichte der Messestadt markiert.[118]

Und schließlich betätigte er sich wiederum als Editor.

Am Ende der 1990er Jahre gab er bei der Evangelischen Verlagsanstalt eine Sammlung von Quellen heraus, die sich mit den Positionen der Kirche zu brisanten Fragen der DDR-Geschichte befassten bzw. die die Aktivitäten der Kirche u. a. zu Wehr- und Friedensdienst, Jugendarbeit, Ausreise, Umwelt, Überwachung und Frauen beinhalteten. Dazu wurden die Handakten der Geistlichen Christian Führer (1943–2014) und Friedrich Magirius (*1930) benutzt.[119]

118 Karl Czok: Die Nikolaikirche Leipzig (= Museen. Sammlungen, Denkmale), Leipzig 1992.

119 Nikolaikirche – offen für alle. Eine Gemeinde im Zentrum der Wende. Herausgegeben von Karl Czok auf der Grundlage der Handakten von Christian Führer und Friedrich Magirius, Leipzig 1999.

II Karl Czok, sein Werk

Stadtgeschichte

„K. Czok, figure de l'histoire urbaine en ex-RDA, a toujours dèfendu une approche de la ‚ville dans sa globalité et sa créativité social ou politique',"[1] schrieb Laurence Buchholzer-Remy (*1979) höchst treffend in einer Rezension, und diese Aussage war so knapp und prägnant, dass sie ohne Abstriche an die Spitze dieses Abschnitts gestellt werden muss. Es scheint ein allgemeiner Trend in der historischen Wissenschaft zu sein: Wenn in einer Reihe von Jahren die internationalen Einzelforschungen ausreichend Material vorgelegt haben, erfolgt gewöhnlich ein Resümee, mitunter aber auch ein komplettes „Zusammenfassungspaket". Neue „Stadtgeschichten" in der DDR (Weimar, Gotha, Mühlhausen, Zwenkau, Meerane, Rostock, Magdeburg, Frankfurt/O.)[2] sind nur ein Beispiel. Das kann in besonderen Gründungsinitiativen von Vereinigungen (z. B. 1969 – Linz, 1970 – Münster, 1974 – Magdeburg), der Bildung von zeitweiligen Arbeits- oder Gesprächsgruppen, aber auch in Publikationswellen von Stadtgeschichten der Fall sein, die einerseits resümieren und andererseits neue Ansätze von Forschungen oder Forschungsstrategien ausarbeiten bzw. Impulse für eben dieselben entwickeln sollen.

Mitunter sind diese zwar nur ein Fazit und summieren lediglich die Resultate der Einzeldarstellungen, zum Teil jedoch ebnen sie wirklich neue sachliche und methodische Wege. In den 1960er/70er Jahren war das der Fall.

---

1 „K. Czok, Persönlichkeit der Stadtgeschichte in der ex-DDR, vertrat immer eine Betrachtungsweise der ‚Stadt in ihrer Gesamtheit und ihrer politischen und sozialen Kreativität'." Vgl. BULLETIN DE LA MISSION HISTORIQUE FRANCAISE EN ALLEMAGNE, No 39 (2003), S. 196.

2 Karl Czok: Zum Erscheinen neuer Stadtgeschichten in der DDR. In: JbfRegG 6 (1978), S. 167–175.

In einen solchen Boom von „Stadtgeschichten" stieß Karl Czok.[3] Eine Görlitzer Intuition? Oder ein indirekter Anstoß von der Münsteraner Reihe „Städteforschung"?

Er hatte sich in den Jahren zwischen 1956/57 und 1963 – auch in seinen beiden Graduierungsschriften – intensiv mit den kommunalen Verbündnissen und den sozialen innerstädtischen Verhältnissen der spätmittelalterlich-frühneuzeitlichen Städte im deutschen Sprachraum beschäftigt, einzelne Aufstände (u. a. in süd- und westdeutschen Städten, 14. Jahrhundert; Braunschweig, 1374–1380; Bautzen, 1405; Leipzig, 1592/93)[4] und dabei als Antwort auf die „Zunftkämpfe" bzw. „Zunftrevolutionen" den Begriff „Bürgerkämpfe" vorgeschlagen. Seiner Ansicht nach entsprach dieser sozialgeschichtliche Ansatz genauer den oppositionellen Gruppierungen, der jeweiligen Zielrichtung und dem Charakter der Auseinandersetzungen mit dem Oberschichten-Potenzial der Macht in den Städten, fasste die zentralen Probleme der Aktionen treffend zusammen und bot zugleich Grundlagen und Zugriffsmöglichkeiten für die Weiterarbeit.[5] Und in seiner Habil-Arbeit definierte er „Bürgerkämpfe" als „Auseinandersetzungen zwischen machthabenden Geschlechtern und bürgerlicher Opposition unter Beteiligung der Stadtarmut [...]".[6] Welchen konkreten Einfluss dabei die sozialstatistischen Analysen besaßen, die in jener Zeit vorgelegt worden waren, bedarf noch weiterer Untersuchung.

---

3 Helmut Bräuer: Karl Czok und die Stadtgeschichtsschreibung. Zum 85. Geburtstag von Prof. Dr. Karl Czok am 12. März 2011. In: SächsHbll. 57 (2011) 2, S. 144 f.

4 Vgl. dazu Renate Pohlers, Helmut Bräuer (Bearb.): Bibliografie Karl Czok. In: Bräuer/Schlenkrich (Hg.): Die Stadt als Kommunikationsraum, S. 841–863 (Titelerfassung bis 1999).

5 Zunftkämpfe, Zunftrevolutionen oder Bürgerkämpfe. In: Wissenschaftliche Zeitschrift der KMU Leipzig, Gesellschafts- und sprachwissenschaftliche Reihe 8 (1958/59) 1, S. 129–143. Vgl. weiterhin: Ders.: Bürgerkämpfe und Chronistik im deutschen Spätmittelalter. Ein Beitrag zur Herausbildung bürgerlicher Geschichtsschreibung. In: ZfG 10 (1962) 3, S. 637–645.

6 Karl Czok: Städtische Volksbewegungen im deutschen Spätmittelalter. Ein Beitrag zu Bürgerkämpfen und innerstädtischen Bewegungen während der frühbürgerlichen Revolution, T. 1 (Leipzig 1963), Bl. 4 (masch.).

Höchst bemerkenswert ist daher die Äußerung von Erich Maschke (1900–1982), der in den Esslinger Studien 1966/67 meinte:

> Czok (hat) durch seine Studien einer weit verbreiteten Idealisierung und Harmonisierung der harten sozialen Wirklichkeit, die in den deutschen Städten des Mittelalters gegeben war, auch von seiner Seite her ein Ende gemacht. Ebenso hat er durch seine sozialgeschichtlichen Untersuchungen dazu beigetragen, das Übergewicht der nur rechts- und verfassungsgeschichtlich orientierten Problemstellungen der deutschen Stadtgeschichteforschung zu korrigieren. Mit dem Begriff ‚Bürgerkämpfe', der sich von den Quellen her überzeugend ergibt, hat er die Erkenntnis der sozialen Unruhen in den spätmittelalterlichen Städten wesentlich gefördert.[7]

Es war dies angesichts der mannigfachen „anderen" Auffassungen in ihrer sachlichen Prägnanz und souveränen Gelassenheit eine wohltuende Beurteilung.

Zurückhaltend formulierte noch beispielsweise Ernst Pitz (1928–2009):

> Unter dem Einfluß der marxistischen Geschichtsauffassung rückt das Problem der innerstädtischen Unruhen für die mittelalterliche Städteforschung stärker in den Mittelpunkt, so auch bei Karl Czok, Zunftkämpfe, Zunftrevolutionen oder Bürgerkämpfe (WissZsLeipzig 8, 1958/59, S. 131–143). Er untersucht die Verwendung der verschiedenen modernen Bezeichnungen für die innerstädtischen Auseinandersetzungen in der bisherigen

7 Zitiert nach: Erich Maschke: Deutsche Stadtgeschichtsforschung auf der Grundlage des Historischen Materialismus. In: Ders.: Städte und Menschen. Beiträge zur Geschichte der Stadt, der Wirtschaft und der Gesellschaft 1959–1977 (= VSWG Beiheft 68), Wiesbaden 1980, S. 475–492, hier: S. 491. Dass diese Aussage auch für die Städte des Hanseraumes Bedeutung hatte, unterstrich später Eckhard Müller-Mertens: Hanseatische Arbeitsgemeinschaft 1955 bis 1990, Trier 2011, S. 53.

> Literatur. Wenn er dabei die Ansicht vertritt, daß man von ‚Zunftkämpfen' oder ‚Zunftrevolutionen' besser nicht spricht, da es nicht die Zünfte allein waren, die eine Brechung der Alleinherrschaft der patrizischen Räte erstrebten, so wird man ihm dabei sicher zustimmen. Allerdings werden damit auch offene Türen eingerannt. Das Wort ‚Zunft' deutet eben auf ganz bestimmte, fest umrissene Institutionen hin, und so wird die Vielschichtigkeit der bei den innerstädtischen Bewegungen mitwirkenden Kräfte leicht verdeckt. Wenn aber auch die Bezeichnung einer innerstädtischen Umwälzung als ‚Revolution' abgelehnt wird und der Verf[asser] die Umschichtung der städtischen Führungskräfte lieber als ‚Reform' bezeichnen möchte, da sie ja nicht eine neue Klasse zur Herrschaft brächten, so ist das für den nicht dogmatisch denkenden Forscher schwer verständlich.

Reform bedeute „eine Verbesserung und Erneuerung" der Lage, wovon aber keine Rede sein könne.[8] Womit die Aussagenwertigkeit zwischen Marxisten und „Nicht-Dogmatikern" wieder ins rechte Licht gerückt worden wäre.

1965 beging die Stadt Leipzig ein 800-Jahr-Jubiläum. Karl Czok leitete in der „Alten Handelsbörse" am Naschmarkt eine Konferenz ein, die direkt mit diesem Ereignis in Beziehung stand, zugleich aber über die Tagung und ihr Anliegen hinausging. Er demonstrierte in langen, groben Zügen die städtische Entwicklung in ihren wesentlichen Bereichen von Baulichkeit/Architektur, Recht, Verwaltung, Demografie, Sozialstruktur, Ökonomie, Religiosität, Kultur, Wissenschaft, Verteidigungsfähigkeit, Verkehrsbeziehungen und Alltag von den Anfängen in feudalen Zeiten bis zur Gegenwart und machte so auf die Dringlichkeit des Zusammenwirkens der Historiker mit Städtebauern und Stadtentwicklern aufmerksam,

---

8 Rez. Ernst Pitz: Hansische Umschau. In: Hansische Geschichtsblätter 78. Jg., Köln-Graz 1960, S. 157.

wenn es um Gegenwärtiges und Perspektivisches geht.[9] Seine Ausführungen waren das Gerüst für das nachfolgende Buch, denn in dieser Zeit, 1969, erschien im Urania-Verlag[10] Karl Czoks „Die Stadt",[11] redigiert von Lutz Heydick (*1941), in einem Umfang von 10.000 Exemplaren. Das Buch mit seinen 179 Text-, 12 Farb- und 22 s/w-Abbildungsseiten, Ganzleinen, besaß einen Schutzumschlag, auf den noch einzugehen sein wird.

Auf dieses Werk verwies in einer brieflichen Mitteilung der Siegener Historiker Jürgen Reulecke (*1940). Danach habe er es intensiv zur Kenntnis genommen, „als in Westdeutschland [...] die moderne Stadt- und Urbanisierungsgeschichtsforschung einen ganz erheblichen Modernisierungsschub erlebte [...]".[12] In diesen Zeiten der intensivierten munizipalen Entwicklung löste die „Stadtdebatte" in Historikerkreisen eine verstärkte Orientierung auf kulturelle Wertungs- und Wertmaßstäbe aus, die Karl Czok unter Nutzung der Anregungen der amerikanischen Historiografie (Lewis Mumford, 1895–1990)[13] aufgriff und mit seinen eigenen sozialgeschichtlichen Erkenntnissen verband.

Dabei ist die im Vorwort der „Stadt" vorgetragene Bemerkung aufschlussreich, dass er zwar alle modernistischen Planungsideen für „nicht uninteressant" halte, doch zugleich betonte: „Eine Stadt wird nicht um der Stadt willen gebaut, sondern vielmehr für Menschen und unter ganz konkreten gesellschaftlichen Verhältnissen."[14] Das war faktisch der Kern seiner Auffassung von der Stadt im jewei-

9 Karl Czok: Zur Stellung der Stadt in der deutschen Geschichte. In: JbfRegG III, Weimar 1968, S. 9–33.

10 Zur Verlagsgeschichte vgl. Christoph Links: Das Schicksal der DDR-Verlage. Die Privatisierung und ihre Konsequenzen, 2., aktualisierte Aufl., Berlin 2013.

11 Karl Czok: Die Stadt. Ihre Stellung in der deutschen Geschichte, Leipzig-Jena-Berlin 1969.

12 Bräuer, Schlenkrich (Hg.): Die Stadt als Kommunikationsraum, S. 24. In der einschlägigen „Studienliteratur", die Forschungsfragen und -stand widerspiegeln sollte, sucht man freilich Karl Czok vergeblich. Vgl. Heinz Schilling: Die Stadt in der Frühen Neuzeit (= EDG 24), München 1993.

13 Lewis Mumford: Die Stadt, Geschichte und Ausblick, Köln-Berlin 1963.

14 Czok, Stadt, S. 9.

ligen System der aktuellen Rahmenbedingungen von Entstehen, Verweilen/Stagnieren und Untergehen, das aber auch marginale oder temporale Fremdeinwirkungen implizierte.

Das Buch umschließt die „gesamte“ deutsche Stadtentwicklung – zeitlich von den „Römerstädten“ bis zu Halle-Neustadt und kulturhistorisch vom Knochenhaueramtshaus in Hildesheim, dem Schönen Brunnen in Nürnberg bis zum Rosenhof in Karl-Marx-Stadt, wenn man es mittels der Abbildungen anzeigen will. Es demonstriert die engen Beziehungen zwischen den jeweiligen gesellschaftlichen Strukturen und ihren Städten, den ökonomischen und politischen und geistig/kulturellen Gegebenheiten. Und immer wieder führt der Weg des Autors zu den Menschen, die jeweils in diesen kommunalen Siedel-Arealen lebten und wirkten.

Natürlich wird jeder Kritiker Lücken, Defizite und Versäumnisse finden. Das ist eine normale Situation, die sich aus der Dimension des behandelten Gegenstandes und der Zwecksetzung der Publikation ergibt, die auch die Zeitdifferenz zwischen Entstehen des Werkes und Abfassung der Kritik einschließt.

Ein besonders auffälliger Sachverhalt aber ist Karl Czoks Faible für die Städte des Spätmittelters und der frühen Neuzeit. Ihnen gilt seine spezielle, ja geradezu liebevolle Aufmerksamkeit. Visuellen Ausdruck findet das in der Verwendung des Werkes „Abriß der Churfürstlichen Sächsischen Statt Leyptzig, wie dieselbe Jetziger Zeit im Wesen ist“[15] als farbigen Schutzumschlag, auf den oben verwiesen wurde. Die Stadt macht einen ausgewogenen, stabilen, in sich gefestigten Eindruck – trotz einigen Marschierens von militärischen Formationen und einiger Schießereien auf die Mauern und zurück. Sie stehen ohne Zweifel für die (realen) Zerstörungen, die der Krieg der Stadt zufügte. Aber das Bild sagt auch, dass sich eine Stadt zu verteidigen weiß.

---

15 (Nachträglich kolorierter) Kupferstich aus: Theatrum Europaeum, Bd. 2, begründet v. Matth. Merian d. Ä. (1593–1650), Frankfurt 1637: Belagerung Leipzigs 1632 durch Holk.

Fast scheint es ein Symbol dafür, dass sich die kompakte Struktur der Stadt gegen das dreißigjährige militärische Zwischenspiel der Herrschenden und ihrer Sold-Horden durchsetzen werde.

Man kann die Frage, warum der Autor für sein Werk dieses Leipzig-Bild mit seinen Bürgerhäusern, dem großen Marktplatz, dem Rathaus Hieronymus Lotters (1497–1580) und der Thomaskirche gewählt hat, nicht genau und belegbar beantworten, doch eine Behauptung ist denkbar und besitzt auch ein gewisses Fundament in einer Vielzahl von persönlichen Äußerungen zu diversen Zeiten und Gegenständen: Es war *seine* Stadt und *seine* (allerdings verflossene) Zeit. Das Phänomen „Stadt", das immer wieder aufstand, wenn man es zerstört hatte, war zu einem der Mittelpunkte seines Arbeitslebens geworden – vielleicht, weil er von Görlitz kam, das viele Züge und Bezüge besaß, die in Leipzig noch vollkommener und geweiteter ausgebildet waren und die er schätzte. Und die ihn mit ihren dahingegangenen geistigen Strukturen umgaben und beeinflussten.

Die Teile des Buches über die Stadtentwicklung in kapitalistischer und sozialistischer Zeit nehmen den ihnen gebührenden Platz ein, sind in sachlichem Ton gehalten, verschweigen aber die jeweiligen Widersprüche und Gegensätzlichkeiten nicht und lassen deren Ursachen hervortreten, machen Profitorientierung ebenso deutlich wie sie die Aufbauleistungen der „Trümmerfrauen" würdigen. Man wird jedoch nicht übersehen dürfen, dass der Text unter Bedingungen geschrieben wurde, in denen die Systemauseinandersetzung auch an den Historikern nicht vorüberging, sondern Positionsbezug verlangten. Dass die „alte Stadt" dennoch sein Lieblingskind war, wird indessen kaum bestritten werden können.

Sein „Auf-Leipzig-Fixiertsein" hatte direkte Folgen: 1978 erschien bei Koehler & Amelang, Leipzig, einem 1925 durch Fusion beider Häuser gegründeten Verlag, „Das alte Leipzig" mit Fotos von Volkmar Herre (*1943).[16] Das Buch ist faktisch die unmittelbare Konkretisierung des Konzepts zur frühneuhochdeutschen Stadt.

16 2., verbesserte Auflage, Leipzig 1985.

Die verbesserte zweite Auflage dieses Buches kam 1985 als Lizenzausgabe bei Wolfgang Weidlich in Würzburg auf den Markt.[17] Karl Czok führt die Geschichte seiner Stadt von den Anfängen bis zum Beginn des 19. Jahrhunderts vor – mit der Vielfalt all seiner Handwerke und Mess-Spektakel, innerstädtischen Turbulenzen zu Reformations- und Bauernkriegszeiten, der landesherrlichen Wertschätzung, der Stadtanlage und den Bastionen, der Kriegszeiten und sozialen Nöte, aber auch des Reichtums unter frühkapitalistischen Bedingungen, der neuen Stadtbaukunst und ihrer Vielgeschossigkeiten, der Handelsbörse, der Universitätsentwicklung und der Kultur und Kunst, der Kirchen und Kirchgemeinden, der Gartenbauplanung und -ausführung. Der Leser wird in die Vorstädte und umliegenden Dörfer, Messehöfe und in die Werkstätten und Ateliers geführt. Er lernt den Alltag der Bürger kennen – der oberen und der unteren Gesellschaftsetagen in ihren weitgespannten Dimensionen.

Und diese Bürgerschaft, sagte er mir einmal im Zusammenhang mit einem Gespräch über den Chronisten und Geistlichen Johann Jacob Vogel (1660–1729), sei reich an Geschaffenem, ebenso reich an Fehlendem, sie ist voller Schönheit und Widerspruch, an Kriegszerstörtem und Wiederaufgebautem, und einige Bürger hätten jeweils Teile davon aufgeschrieben, aber nur Teile – also bleibt noch genügend für uns zu erkunden …

Zu solchen sozialen Ebenen der Bewohnerschaft zählten auch jene, die im Gefolge von Krieg, Katastrophen und Ausbeutung auf den untersten Stufen der städtischen Hierarchie standen und denen bislang kaum ernsthafte Betrachtungen gewidmet worden waren, denn Arme, Bettler und Vagierende störten das Bild der „schönen Stadt". Karl Czok wusste darum.[18] Über 100 Abbildungen – gut dosiert und passend platziert – visualisieren den Text des Buches und verdichten die Eindrücke, die man beim Lesen gewinnt.

17 1. Aufl., Würzburg 1985.

18 Karl Czok: Leipzig – ein Zentrum besonderer Bettelbedrängnis. Arme, Bettler und Vaganten im Sachsen des 18. Jahrhunderts. In: Leipzig. Aus Vergangenheit und Gegenwart. Beiträge zur Stadtgeschichte 7, Leipzig 1990, S. 7–17.

Bei der Betrachtung des Coverbildes und dem Vergleich mit dem Schutzumschlag der Monografie „Die Stadt" fällt jedoch an der Stelle des Pulverdampfes der mehrspännige Waren- oder Kaufmannszug auf, und *das* entspricht eher der Rolle der Messestadt. Leider ist die Abbildung (offenbar) aus gestaltungstechnischen Gründen am oberen Rand beschnitten, daher fehlt der originale Bildtitel: „Wahrhafftiger Abriß vndt Controfactur Der Führnehmen vnd Weitberumb im Churfürstlichen Sechsischen Handelstatt/ Leipzigk Verfertiget. Vnd Ins Kupffer Gebracht Durch Andreas Bretschneidern Mahler daselbst Anno 1615".[19]

In „Das alte Leipzig" fand die Summe der Überlegungen und Beziehungen Karl Czoks zur Stadt seinen direkten, konkreten und praktischen Ausdruck, der sich einerseits in der bis dato geleisteten Berufsarbeit angesammelt hatte, der dabei aber bereits eine Ausstrahlung besaß, die in die internationale Öffentlichkeit der Stadthistoriker reichte und dazu führte, ihn wenig später als Repräsentanten der DDR in ein renommiertes Spitzengremium zu wählen. Dass dabei das Interesse an der „alten Stadt" im Vordergrund stand, wird man als begreiflich ansehen müssen. Zumindest hat es auch Wieland Held (1939–2003) als Rezensent so empfunden.[20] Welches Gewicht man beispielsweise in der Erwerbsabteilung der Wiener ÖNB auf Karl Czok und sein „Altes Leipzig" legte, bezeugt der Umstand, dass man gleich nach Erscheinen des Werkes 1978 die 1. Auflage ankaufte.[21] Und die Library of Congress in Washington verzeichnet das Buch unter DD901. L55 C96 CABIN BRANCH sowie die zweite Auflage unter DD901. L55 C96 1985, ja sogar die Leipziger Volkszeitung (LVZ) zeigte eine Sonntagsvorlesung zum

---

19 Für die Aufhellungsbemühungen um die Zusammenhänge beider Leipzig-Darstellungen aus dem 17. Jahrhundert, die in der Literatur mehrfach benutzt wurden, habe ich Frau Dr. Maike Günther vom Stadtgeschichtlichen Museum Leipzig herzlich zu danken. Vgl. zum Kupferstecher Andreas Bretschneider (um 1578-nach 1640) auch: Gina Klank, Gernot Griebsch: Lexikon Leipziger Straßennamen, hg. vom Stadtarchiv Leipzig, Leipzig 1995, S. 41, Nr. 260.

20 Wieland Held, in: JbfRegG 8 (1981), S. 243–247, hier: S. 246 f.

21 ÖNB, Sign. 18 6 14 10-B.

Thema „Das alte Leipzig“ an.[22] Auch „Die Union“ trat mit einer Würdigung des Werkes an die Öffentlichkeit.[23]

Karl Czok begann seinen Text mit den Worten:

> Jede Stadt hat ihre Geschichte, ihre einzigartige, historisch gewordene Individualität, aber genauso mit den anderen Städten gemeinsame Merkmale. In dieser Geschichte spiegeln sich die Wirkungen gesellschaftlicher Gesetzmäßigkeiten wider …[24]

Und da Thomas Mayer (*1962) die Gültigkeit dieser Aussage erfasste, und ihr für die Messestadt eine besondere Bedeutung beimaß, benutzte er diese Einleitung für eine Präsentation über Autor, Stadt und wissenschaftliche Pläne Karl Czoks.[25]

Der Tourist Verlag Berlin/Leipzig hatte in diesen Jahren renommierte Historiker, so Fritz Wiegand (1895–1982) und Siegfried Hoyer, für seine Stadtführer-Atlas-Reihe – u. a. zu Erfurt, Dresden, Weimar, Potsdam – gewonnen. Den Leipzig-Band schrieben Karl Czok, der den stadtgeschichtlichen Längsschnitt übernommen hatte, und Walter Fellmann (1931–2011), dem der Stadtführer-Part zufiel.[26] Es sei mit ihm ein höchst gedeihliches Zusammenarbeiten gewesen, lobte Karl Czok, weil der ein überaus kenntnisreicher und überlegt-zupackend wirkender Gelehrter gewesen sei.

---

22 LVZ v. 18. September 1979.

23 ps: Liebe zur Historie. Wochenendtreff mit Prof. Dr. Karl Czok. In: Die Union v. 7. März 1982.

24 Czok, Altes Leipzig, S. 7.

25 Thomas Mayer: War bei August nur der Bizeps stark? ST-Gespräch mit Prof. Dr. Karl Czok/Der Leipziger Historiker plant ein Buch zur Kulturgeschichte Sachsens. In: Sächsisches Tageblatt, Februar 1978.

26 Walter Fellmann, Karl Czok: Tourist Stadtführer-Atlas Leipzig, 1. Aufl. 1981, 2. Aufl., Berlin-Leipzig 1982/83. – Als großformatige Vorlage war einige Jahre zuvor von Karl Czok und Stadtarchivdirektor Horst Thieme (1931–1986) der Leipzig-Band einer Reihe des Verlages der Wissenschaften erschienen, die das Anliegen verfolgte, Bezirksstädte der DDR in Wort und Bild vorzustellen: K. Czok, H. Thieme: Leipzig. Geschichte in Wort und Bild, Berlin 1978.

Dass nach wenigen Monaten die Erstauflage vergriffen war, bestätigt das beträchtliche Interesse der Leipziger und ihrer Gäste.

Als die 500. Wiederkehr des ersten in Leipzig (bei Marcus Brandis, um 1455 – nach 1500) gedruckten Werkes zu begehen war, versammelte der Rat der Stadt namhafte Gelehrte, die eine repräsentative Schrift vorgelegt haben – so Alfred Kapr (1918–1995), die Berliner „Brandis-Spezialistin" Ursula Altmann, Dietmar Debes (1925–1999) und Helmut Rötzsch (1923–2017), Chef der Deutschen Bücherei, der heutigen Zweigstelle Leipzig der DNB. Die Einführung in den Band lag in den Händen von Karl Czok.[27] Das Werk unterstreicht historische Partien und die gewichtige Stellung der Messe- und Universitätsstadt als Druck- und Verlagszentrum auf der internationalen Bühne des Buchwesens und fand auch im deutschsprachigen Ausland gehörige Beachtung. So steht heute der Band z. B. in der Österreichischen Nationalbibliothek Wien am Heldenplatz und in der Universitätsbibliothek Salzburg am Hofstallplatz oder in der National Library of the CR in Prag.

Lange sind die Vorstädte in der Realität und von der historischen Forschung pejorativ bzw. geringschätzig-marginal behandelt worden. Als Karl Czok in den 1970er Jahren in einer Klassensitzung der Sächsischen Akademie der Wissenschaften zu Leipzig[28] und in einer einleitenden Veranstaltung seines Oberseminars, so erzählte er mir, eine diesbezügliche Bemerkung machte, gab es bei einigen der gelehrten Mitglieder des Hauses sowie bei verschiedenen Studierenden Stirnrunzeln. Es war das die Widerspiegelung dessen, was auch manche Historiker geraume Zeit ebenso vor sich hertrugen oder

27 Karl Czok et al. (Hg.): 500 Jahre Buchstadt Leipzig. Von den Anfängen des Buchdrucks in Leipzig bis zum Buchschaffen der Gegenwart, Leipzig MCMLXXXI.

28 Karl Czok: Vorstädte. Zu ihrer Entstehung, Wirtschaft und Sozialentwicklung in der älteren deutschen Stadtgeschichte (= Sitzungsberichte der Sächsischen Akademie der Wissenschaften zu Leipzig. Philologisch-historische Klasse, Bd. 121, H. 1, Berlin 1979).

getragen hatten, doch die Nachkriegsjahre hatten andere Prämissen gesetzt, denen die Geschichtswissenschaftler gefolgt waren.

Noch im späten 19. Jahrhundert führten die spätmittelalterlich-frühneuzeitlichen Vorstädte in der historischen Literatur mitunter ein Schattendasein und traten erst Zug um Zug mit der frühkapitalistischen Wirtschaft, dem demographischen Wachstum und der Ausbreitung der Siedlungskörper erkennbarer ins Licht der Historiker. Dafür ist Curt Wilhelm Zöllner (1853–1910) mit einer Chemnitzer Stadtgeschichte ein Musterbeispiel.[29] Die Realitäten des 18./19. Jahrhunderts haben offensichtlich mit ihrem Wachstum und der Verlagerung von Produktionsstandorten aus der zu eng gewordenen „Innenstadt" den Blick der Forschung auf diese Zone vor den Mauern in besonders eklatanter Weise geschärft.

Karl Czok zeigte am Leipziger Beispiel, wie dieser Prozess des vorstädtischen Wachstums durch die Ausweitung der Handwerkerproduktionsstätten seit dem 12./13. Jahrhundert über Mühlen und Gerbereibetriebe, Bleichen, Webereien, Ziegeleien, Kürschner- und Schmiedewerkstätte verlief und bis zum 15. Jahrhundert ständig enger werdende Wechselbeziehungen mit der „Kernstadt" aufbaute. Klöster und Hospitäler fanden ihre Plätze, Kirchen und Kirchgemeinden entstanden und bald war die Internationalisierung des Leipziger Marktbetriebes und Marktlebens ohne die Vorstädte nicht mehr denkbar. Vieh-, Schlacht- und Kuttelhöfe etablierten sich an den Flüssen Elster und Pleiße und intensivierten die Stadt-Land-Beziehungen. Die wachsende Stadt und ihre Messen verlangten nach der Wirtschaftskraft der Vorstädte und diese expandierten und bildeten eigene, gleichfalls wachsende Sozialkörper. Besondere soziale Strukturen drängten in die traditionellen Siedlungskörper. Manufakturen kamen bald hinzu. Auf diese Weise formten sich die Wechselbeziehungen, bis jene vorstädtischen (selbständigen) Sied-

29 C(urt) W(ilhelm) Zöllner: Geschichte der Fabrik und Handelsstadt Chemnitz von den ältesten Zeiten bis zur Gegenwart, Chemnitz 1888, Nachdruck: Frankfurt/M 1976, Stichwort: Vorstädte.

lungsbereiche – zum Teil durch Eingemeindungen im 19. Jahrhundert – aufgelöst wurden und in die Kernstadt eingingen.

Und dennoch blieben die Vorstädte deren „Anhängsel": Statt hoher und stolzer Mauern – nur mindere Vorstadtmauern oder Palisaden, verkleinerte Rechte, Direktbelastung bei Kriegen, kärgliche und unansehnliche Gebäude, miserablere Verkehrsverhältnisse, mentale Differenzen zwischen Bürgern und „Nachbarn" bzw. Ansehens- und „Wertunterschiede" zwischen Städtern und Nicht-Städtern …, aber eben auch: Barthels, Apels, Hohmanns, Winklers, Richters, Groß-Bosischer Garten, Friedhöfe, Alleen, Vorwerke, Produktions- und Vergnügungsstätten …[30]

Es war schon ein illustres Feuerwerk von Argumenten, das Karl Czok mit Elan und Engagement abzubrennen wusste.

Wenn Karlheinz Blaschke (1927–2020) für die Stadtentstehung generell die Straße favorisierte,[31] setzte Karl Czok dem dezidiert „sozialökonomische Voraussetzungen" entgegen und begründete das eindrucksvoll.[32] Dass diese Vorrang – wenn auch unter unterschiedlichen Voraussetzungen – sowie Langzeitwirkungen hatten und bis zur industriellen Revolution reichten, beschrieb er einerseits am Leipziger Beispiel unter Einbeziehung von Vororten, den Siedlungen vor den Vorstädten,[33] ging aber in vergleichender Sicht noch

30 Karl Czok: Zur Entwicklung der Leipziger Vorstädte bis zum 18. Jahrhundert. In: Jahrbuch zur Geschichte der Stadt Leipzig 1978, Leipzig 1978, S. 37–76. Ders.: Zur sozialökonomischen Struktur der Vorstädte in Sachsen und Thüringen im Zeitalter der deutschen frühbürgerlichen Revolution. WZ der KMU Leipzig, Gesellschafts- und sprachwissenschaftliche Reihe 24 (1975) 1, S. 53–68. Auch in: Protokoll der 1. Tagung der Fachkommission Stadtgeschichte in Magdeburg, H. I/II, Magdeburg 1976, S. 104–120.

31 Karlheinz Blaschke: Altstadt-Neustadt-Vorstadt. Zur Typologie genetischer und typographischer Stadtgeschichtsforschung. In: VSWG 57(1970), S. 350 ff. Und ders.: Studien zur Frühgeschichte des Städtewesens in Sachsen. In: Festschrift für Walter Schlesinger, Bd. 1, Köln-Wien 1973, S. 381.

32 Karl Czok: Zur Rolle der Vorstädte in Sachsen und Thüringen im Zeitalter der deutschen frühbürgerlichen Revolution. In: Wilhelm Rausch (Hg.): Die Stadt an der Schwelle der Neuzeit, Linz/Donau 1980, S. 227–244, hier: S. 228.

33 Karl Czok: Zur Entwicklung der Vorstädte und Vororte in Leipzig im 19. Jahrhundert. In: JbfRegG 9 (1982), S. 121–153.

weiter, indem er Leipzig und Prag gegeneinander auswog, wobei sich allgemeine Züge ebenso feststellen ließen wie die Besonderheiten, die aus dem böhmischen Residenzstatus erwachsen waren oder die ihren Leipziger Messe-Ursprung nicht verleugnen konnten.[34]

Bereits in „Das alte Leipzig“ hatte Karl Czok den drei Jahrmärkten von Leipzig beträchtliche Beachtung geschenkt.[35] Ein wenig näher ans Messegeschehen führte allerdings erst sein späterer Beitrag über „Messen im Augusteischen Zeitalter“, und er lässt gleich eingangs deutlich werden, dass nunmehr Leipzig im Konkurrenzkampf mit Frankfurt am Main den ersten Platz im europäischen Messegeschehen eingenommen hatte.[36] Das machte ihn stolz, denn es betraf seine Stadt, mit der er sich identifizierte.

Doch ein wirtschaftsgeschichtsorientierter und wirtschaftspolitisch ausgerichteter Messehistoriker – vergleicht man ihn etwa mit Manfred Straube – war der Stadtgeschichtler Karl Czok nicht. Ihm ging es vornehmlich um „die Messe *in* Leipzig“ – das heißt: um die Messe als Stätte der Wirtschaftsförderung, als bürgerlichen Turbulenz- und fürstlichen Repräsentationsort, um landesherrliche Mess-Privilegien, um attraktive Baulichkeiten, Verkehr, Post und Schutzzollpolitik. Für ihn war die Messe ein städtisches Ereignis mit internationaler Ausstrahlung, nicht vordergründig ein ökonomisches Phänomen.

Das bedeutete um 1980 eine Hinwendung Karl Czoks zur stadtbürgerlich-bourgeoisen Rolle im Rahmen der Stadtentwicklung. Seine empathische und zum Teil drängende Aufforderung zur Debatte um die Wirksamkeit der Handels- und Manufakturbourgeoisie

34 Karl Czok: Vorstädte und Vororte im Sog industrieller Entwicklung im 19. Jahrhundert – Leipzig und Prag im Vergleich. In: Wilhelm Rausch (Hg.): Die Städte Mitteleuropas im 19. Jahrhundert, Linz/Donau 1983, S. 103–120.

35 Czok, Altes Leipzig, u. a. S. 44 f., 83 ff.

36 Karl Czok: Leipzig und seine Messen im Augusteischen Zeitalter. In: H. Zwahr, Th. Topfstedt, G. Bentele (Hg.): Leipzig 1497–1997, Teilbd. 1, Köln-Weimar-Wien 1999, S. 183–192, hier: S. 183.

richtete sich gegen den ausgeprägten Zuschnitt der Forschung, vor allem in der DDR, auf deren wirtschafts- und sozialgeschichtliche Entwicklung. Das war in einigen Fällen zugleich eine Attacke gegen zu intensive Anlehnung der Autoren an politisch gestützte Auffassungen. Er forderte eine geweitete Sicht auf jene Kategorie der bourgeoisen Bevölkerung, die „gegen das Überkommene" agierte, insbesondere auf ihre kulturellen Leistungen und Initiativen. Der Autor hielt es zwar für unangemessen, dass man diese neu-bürgerlichen Kreise als „volksverbunden" deklarieren müsse, unterstrich aber dezidiert, dass „ihre kulturellen Leistungen und Interessen objektiv [auch] dem Volk gedient [haben]".[37] Und eben diese *Zusammensicht* in der Bewertung von ökonomischen, sozialen und kulturellen Faktoren, die eine gesellschaftliche Gruppierung auszeichnen, war ein wesentliches Element seines ganzheitlichen Denkens. Das muss stets im Blick bleiben, wenn man Karl Czok verstehen will und – ich greife hier vor – wenn man auch seine Sicht auf die Spitzen der Feudalgesellschaft recht verstehen möchte.

Diese kompakte Hinwendung zu „Stadt und Kultur" manifestierte sich zunächst in der Bewertung der Baukunst. Der Autor schwärmt geradezu von den prächtigen Häusern in der Katharinen-, Grimmaischen, Peters- und Hainstraße, vom Markt und Brühl und vom Ratsbaumeister Johann Gregor Fuchs (1650–1715), von Friedrich Seltendorf (1700–1778) und „Barthels Hof", aber er vergaß bei allem Jubel auch den Trouble nicht, den beispielsweise der Bürgermeister Franz Conrad Romanus (1671–1746) erzeugte, als er sich zur privaten Baukostendeckung am kommunalen Säckel vergriff und schließlich – ohne Richterspruch – bis an sein Lebensende auf die landesherrlichen Festung(en) einziehen musste.[38]

---

37 Karl Czok: Zur Leipziger Kulturgeschichte des 18. Jahrhunderts. Ein Beitrag zur Diskussion über die Wirksamkeit der Handels- und Manufakturbourgeoisie. In: Jb. zur Geschichte der Stadt Leipzig 1980, S. 111–129, Zitat: S. 129.

38 Karl Czok: Zu Kultur und Baukunst in Stadt und Vorstädten im 18. Jahrhundert – dargestellt am Beispiel der Messestadt Leipzig. In: Wilhelm Rausch (Hg.): Städtische Kultur in der Barockzeit, Linz/Donau 1982, S. 87–104, v. a. S. 92 ff.

Die ökonomisch dominante großbürgerliche Schicht „prägte [...] auch das kulturelle, künstlerische und gesellige Leben in der Stadt, denn sie war sehr darauf bedacht, ihren Reichtum und ihre Errungenschaften vielseitig zu repräsentieren" – mit der 1687 fertiggestellten Alten Handelsbörse, mit Kunst- und Naturaliensammlungen, Gemäldekabinetten, mit Johann Sebastian Bach (1685–1759) und der Vielfalt der Leipziger Musikkultur, in der das faszinierte Leipziger Publikum 1789 Wolfgang Amadeus Mozart (1756–1791) feierte und das Gewandhausorchester regelmäßig Konzerte gab, mit Literatur, Theater und Buchwesen, privaten und öffentlichen Bibliotheken, mit Verlagen und einer Universität, die Gotthold Ephraim Lessing (1729–1781) und Johann Wolfgang Goethe (1749–1832) anzog.[39] Und wenn Karl Czok einmal dabei war, den Born der Freude über die prächtige Entwicklung der Stadt auszugießen, vergaß er auch nicht zu erzählen, dass er schon 1978 auf Ludwig Schillers (1759–1805) Bemerkung an seinen Leipziger Verleger eingegangen war, dem er geschrieben hatte:

> Meine angenehmste Erholung ist bisher gewesen, Richters Kaffeehauß zu besuchen, wo ich immer die halbe Welt Leipzigs beisammenfinde, und meine Bekanntschaften mit Einheimischen u[nd] Fremden erweitere [...],[40]

eine Passage, die der Historiker Karl Czok dann später zu einer ausgedehnteren Sicht auf die Kaffeehaus-Kultur der Messestadt nutzte.[41] Die kulturgeschichtlichen Leistungen der großbürgerlichen Eliten der Stadt, ihre „Gleichgültigkeit" gegenüber den sozia-

39 Czok, Kultur, S. 89–104.

40 Czok, Das alte Leipzig, S. 178 – Dieser Künstlertreff befand sich in der 2. Etage des Romanushauses, Katharinenstraße/Ecke Brühl. Vgl. auch: Ernst Ullmann (Hg.): „...die ganze Welt im kleinen...". Kunst und Kunstgeschichte in Leipzig, Leipzig 1989.

41 Karl Czok: Kaffee- und Gasthäuser im messestädtischen Leipzig im 18. Jahrhundert. In: Süße muß der coffee sein! Drei Jahrhunderte Kaffeekultur und die Kaffeesachsen, Stadtgeschichtliches Museum Leipzig 1994, S. 47–68.

len Spannungsfeldern in der Bewohnerschaft und die Stellung der Kommune im mitteleuropäischen Konkurrenztreiben rückten in den Jahren nach dem Dreißigjährigen Krieg in den Mittelpunkt der städtischen Geschichte und ihrer Erklärungen.

Indes: Der Siebenjährige Krieg zwischen Brandenburg-Preußen und Sachsen (1756–1763) überbot das bisher Dagewesene – Sachsen hatte 140 000 Tote zu beklagen, Friedrich II. (1712–1786) presste aus Sachsens Bevölkerung nach eigener Einschätzung 40 bis 50 Millionen Taler an Kontributionen – doch durch eine geschickte Restaurationspolitik gelang es, die (ökonomischen) Schäden weitgehend zu überwinden. Man spürt das freudige Bewusstsein des Historikers der Stadt, wenn er davon schreibt, dass an der Spitze der Wiederherstellungskommission der Leipziger Thomas Fritsch (1700–1775), neben anderen Leipziger Repräsentanten der Oberschicht, stand – lenkend und weitsichtig.

Mit seiner einprägsamen Verknüpfung von Wirtschaft, Sozialem und Kultur schloss Karl Czok seine engagierten Beziehungen zur Geschichte der Stadt ab und schüttete das gesamte Füllhorn der historischen Realien der zweiten Hälfte des 17. bis zur zweiten Hälfte des 18. Jahrhunderts – von Apel bis Goethe – aus.[42]

Mit dem Eröffnungsreferat „Zum Prozess der bürgerlichen Umwälzung in Sachsen im 18. und 19. Jahrhundert" leitete Karl Czok ein internationales Kolloquium zum 575. Jahr der Universitätsgründung am 26./27. November 1984 ein und hob dabei die Bedeutung Sachsens und seiner Wissenschaft im bürgerlich-revolutionären und im Aufklärungskontext hervor.[43] Zuvor hatte er die Rolle der

---

42 Karl Czok: Leipzig nach dem „großen Krieg" und im Augusteischen Zeitalter (1648–1763). In: Klaus Sohl (Hg.): Neues Leipzigisches Geschicht-Buch, Leipzig 1990, S. 100–131.

43 Karl Czok: Zum Prozess der bürgerlichen Umwälzung in Sachsen im 18. und 19. Jahrhundert. In: Ders. (Hg.): Wissenschafts- und Universitätsgeschichte in Sachsen im 18. und 19. Jahrhundert. Nationale und Internationale Wechselwirkung und Ausstrahlung, Berlin 1987, S. 11–24. Ders.: Leipzig und seine Universität im Wandel der Jahrhunderte. In: Leipzig. Aus Vergangenheit und Gegenwart. Beiträge zur Stadtgeschichte 3, 1984, S. 55–76.

Universität von ihrer Gründung bis zur Gegenwart umrissen und dabei Rang und Nützlichkeit der Hohen Schule für die städtische Entwicklung unterstrichen – ein Beitrag, der auch unter der Studentenschaft erhebliches Interesse fand.

Beide Arbeiten demonstrieren, wie der Sachverhalt „Universitätsgeschichte“ im jeweiligen Kontext seine Wirkungen ausspielt, und zweifellos war Karl Czok der geeignetste Gelehrte dies vorzuführen, denn er verstand es exzellent, Wissenschaftsgeschichte und die Entwicklung der Stadt bzw. des Territoriums fugenlos und sicher miteinander zu verbinden.

Unter Federführung von Siegfried Hoyer erschien zum 575. Jahrestag der Universitätsgründung ein ebenso repräsentativer wie anspruchsvoller Band, an dem Karl Czok in Weiterführung seiner bisherigen Arbeiten gleichfalls mitwirkte und die Entwicklung rings um die Universität von 1871 bis 1917 nachzeichnete.[44] Dabei ging er von der explosionsartigen Stadtvergrößerung Leipzigs aus, deren Universität im 19. Jahrhundert zu „einer der reichsten Hochschulen des Deutschen Reiches“ geworden war, die sich rasant modernisierte und zügig die Naturwissenschaften als Produktivkraft nutzen konnte, wobei Physik, Chemie und Mathematik und ihre jeweiligen Institute und Lehrstühle besonders hervorgehoben werden müssen.[45] Bedeutende Gelehrte fanden bald hier ihre Heimstatt – so der Historiker Karl Lamprecht, die Mediziner bzw. Medizinhistoriker Wilhelm Wundt (1832–1920) und Karl Sudhoff (1853–1938), der Wirtschaftshistoriker Wilhelm Stieda (1852–1933), der Philosoph Gerhard Seeliger (1860–1921) und viele andere, deren Arbeiten höchst praxiswirksam wurden und deren Namen internationale Ausstrahlung besaßen.

Karl Czok ging aber auch auf die Leipziger Studentenschaft ein, skizzierte ihren Alltag und ebenso die dort wuchernden kaiser-

44 Karl Czok: Der Höhepunkt der bürgerlichen Wissenschaftsentwicklung, 1871 bis 1917. In: Lothar Rathmann (Hg.): Alma mater Lipsiensis. Geschichte der Karl-Marx-Universität Leipzig, Leipzig 1984, S. 191–228.

45 Ebd., S. 195–200, Zitat: S. 195.

treuen, konservativen und antisemitischen Auffassungen, insbesondere in den über 60 Verbindungen und Vereinigungen.[46] Und was die Gelehrtenwelt angeht, so unterstrich er die Aussage der „Leipziger Volkszeitung“ vom 29. Juli 1909, die zur 500-Jahrfeier der Universität betont hatte: Die Bourgeoisie sei mit der vollzogenen Entwicklung zufrieden; ‚das Kapital habe den Gelehrten zu seinem Lohnarbeiter gemacht‘.[47]

Dass die Stadt des Spätmittelalters und der frühen Neuzeit Karl Czoks Lieblingskind war, ist sicher unbestreitbar, und insofern sind alle Mutmaßungen, die „Kapriolen“ im Zusammenhang mit der III. Hochschulreform hätten ihn in seinem selbständigen Forschungs-Bestreben oder in der akademischen Lehre Zügel angelegt, nicht recht verständlich. Daher sei nochmals auf Laurence Bucholzer-Remy verwiesen, die das Arbeitsfeld von Karl Czok umriss: die Stadt in ihrer Gesamtheit.

Und diese Sicht der Dinge ist bereits von den End-1950er und 1960er Jahren aus zu beobachten, als er sich dem Arbeiter- und Soldatenrat in Görlitz und den dortigen Januarkämpfen 1919[48] zuwandte. Für die Schriftenreihe des Ratsarchivs Görlitz hatte er die Auswirkungen der russischen Revolution von 1905 untersucht,[49] bevor er sich einen zweiten größeren Sachkomplex der Arbeiterbewegung erschloss: der Gemeinde- oder Kommunalpolitik.[50] Sie

46 Ebd., v. a. S. 223.

47 Ebd., S. 226.

48 Karl Czok: Zur Geschichte der Novemberrevolution und des Arbeiter- und Soldatenrates von Görlitz, Zittau-Görlitz 1959. Ders.: Der Ausbruch der Novemberrevolution in Görlitz und der Verrat der führenden Sozialdemokraten. In: SächsHbll. 4 (1958) 8, S. 458–468. Ders.: Die Januarkämpfe 1919 und die Ereignisse in Görlitz. In: SächsHbll. 6 (1960) 3, S. 174–182.

49 Schriftenreihe des Ratsarchivs der Stadt Görlitz I (1963).

50 Karl Czok: Klassenkampf und Gemeindepolitik am Ausgang des 19. Jahrhunderts. Über die Wahl eines sozialdemokratischen Gemeindevorstandes in Böhlen bei Grimma 1893. In: SächsHbll. 19 (1973) 4, S. 174–176. Ders.: Die Stellung der Leipziger Sozialdemokratie zur Kommunalpolitik in der ersten Hälfte der neunziger Jahre des 19. Jahrhunderts. In: Arbeitsberichte zur Ge-

selbst erwies sich als ein „weites Feld", war vielseitig, zugleich eine Konkurrenzgröße gegen bisherige kommunalpolitische Konzepte der großbürgerlichen „Eliten" und besaß auch bestimmte Traditionen, die in die voraufgegangenen Jahrhunderte der Lokalopposition führten. Auffällig ist, dass seine Sichten auf die Aktivitäten der Arbeiterbewegung von den Veränderungen der Stadt ausgingen und damit „alte" Fragestellungen nach dem sozialen und rechtlichen Platz der jeweiligen gesellschaftlichen Kategorie bedienten (wie er sie bereits in der frühen Neuzeit im Hinblick auf das Städtebürgertum traktiert hatte) und dass er – bei aller Inanspruchnahme von Chemnitzer Umständen – seine Verallgemeinerungen weitgehend von Leipzig aus getroffen hat.

Leipzig – Sachsen – deutsches Reich war daher eine favorisierte Denklinie.[51] Dass aber „Regionalität" neben Lokalorientiertheit z. B. auch in der Arbeiterbewegung eine Rolle spielte, demonstrierte Helga Schultz eindrucksvoll.[52] Diese Überlegung nahm Karl Czok umgehend ins Jahrbuch auf. Und: Mit den Orientierungen auf die Sozialdemokratie rückte er zugleich die Rivalitäten zwischen KPD und SPD in der DDR-Historiografie ins rechte Verhältnis. Dass er sich mit dem kommunalpolitischen Thema auch aufs internationale Parkett wagte, demonstriert seine Offenheit und Courage.[53]

schichte der Stadt Leipzig 1 (1973), S. 5–54. Ders.: Zur Kommunalpolitik in der deutschen Arbeiterbewegung während der neunziger Jahre des 19. Jahrhunderts. In: JbfRegG 7, Weimar 1979, S. 67–91.

51 Czok, Kommunalpolitik, S. 67–91.

52 Helga Schultz: Überlegungen zur Rolle des Regionalen im Übergang vom Feudalismus zum Kapitalismus: In: JbfRegG 17/1 Weimar 1990, S. 13–24.

53 Zur Kommunalpolitik in der deutschen Arbeiterbewegung unter den Bedingungen kapitalistischer Stadtentwicklung. In: Die Städte Mitteleuropas im 20. Jahrhundert, hg. von Wilhelm Rausch, Linz/Donau 1984, S. 524–530.

Regionalgeschichte

Geografisch ist eine Region eine territoriale (freilich wandelbare) Einheit. Historisch ist sie stabil oder sie verändert sich im Verlauf der Zeit durch äußere oder innere Faktoren bzw. Einflüsse, und so lassen sich Regionen nach politischen, administrativen, kulturellen, kirchlich-religiösen, wirtschaftlichen, sozialen und anderen Kriterien bilden. Sie stellen meist eine definierte Partie oder Portion einer umfangreicheren (relativen) Ganzheit dar, oder sie zerfallen wiederum ihrerseits in kleinere Einheiten. Sie können aber auch das gesamte Territorium oder Land umfassen. Und ihre Geschichte wäre dann mit der Landes- oder Nationalgeschichte deckungsgleich?

Dennoch ist die Bezeichnung der Region in ihrem Kontext mit Geschichte, wenn von „Regionalgeschichte in der DDR" gesprochen wird, ein Streit-, zeitweise auch ein Kampfbegriff geworden. Warum eigentlich? Mir scheint: Beide liegen enger beieinander als zugestanden wird. Oder?

Mit dem Begriff „Vergangenheit" – ob in Gestalt der Region oder des Landes – hat die Strittigkeit zwischen beiden Phänomenen nichts zu tun. Sie sind – im Gegenteil – vielfach kompatibel. Vor allem in der Arbeitspraxis. Strittig ist jedoch in erster Linie die jeweilige Erklärung ihrer Verwendung, die grundlegende Herangehensweise an die Deutung von Geschehenem, d.h. ob es sich um marxistische, antimarxistisch-liberale oder antimarxistisch-konservative Weltanschauung oder um ein anderes, nicht definiertes philosophisches Konzept als Interpretationsfolie handelt.

Und das wiederum hängt außerordentlich eng mit den jeweiligen gesellschaftlichen Strukturen zusammen. Dieselben werden zwar weitgehend von den Besitz-/Eigentums- und Verwertungsmöglichkeiten der und zur materiellen und ideellen Welt geprägt, doch das impliziert den Zugang zur Macht und ihrer Handhabung.

Derjenige Leser, der nicht begriffen hat, dass auch die Historiker des 20./21. Jahrhunderts unter kapitalistischen bzw. sozialistischen Verhältnissen lebten und agierten und nicht losgelöst von diesen

Umständen arbeiteten, kann für diese Situationen und die daraus stammenden Standpunkte keinerlei Verständnis aufbringen. Dass es hierbei Übergänge oder „Grauzonen" gibt, sei ausdrücklich eingeschlossen.

Der Münchner Historiker Winfried Müller (*1953), beispielsweise, sieht das so: Zunächst habe in der SBZ/DDR „die antiföderalistische Politik des sog. Demokratischen Zentralismus auf die Landesgeschichte" durchgeschlagen, de facto also das Gebilde „Sachsen" in die drei Bezirke Dresden, Leipzig und Chemnitz aufgelöst.

> Dazu kam, dass ein durch den Marxismus vorgegebener generalisierender Zugriff auf die Geschichte, der die im historischen Prozess sich vollziehenden Gesetzmäßigkeiten elaborieren wollte, mit einer sich am sprechenden Detail abarbeitenden historischen Teildisziplin wie der Landesgeschichte grundsätzlich wenig anfangen konnte.[54]

Das halte ich für eine weitgehend beschreibend-sachliche Position, die sich zu sinnvoller Debatte eignet.

Wer aber Karlheinz Blaschkes Grundsatzverlautbarung von 1994 gelesen hat, wird verstehen, um welche unversöhnlichen Gegensätze es sich handelt, die vielfach den totalen Realitätsverlust einschließen.[55] Er wird aber auch begreifen müssen, warum Karl Czok eben gerade jene Antworten gegeben hat, die nötig waren, doch auch solche, die nicht immer zwingend gewesen sind.[56]

---

54 Winfried Müller: Landesgeschichtliche Zeitschriften in Sachsen vor und nach der Wende. In: Thomas Küster (Hg.): Medien des begrenzten Raumes. Landes- und regionalgeschichtliche Zeitschriften im 19. und 20. Jahrhundert, Paderborn-München-Wien-Zürich 2013, S. 251–264, hier: S. 257.

55 Karlheinz Blaschke: Die sächsische Landesgeschichte zwischen Tradition und neuem Anfang. In: NASG 64 (1993), Weimar 1994, S. 7–28.

56 Karl Czok: DDR-Regionalgeschichte im Zwiespalt zwischen Wissenschaft und Politik. In: Ebd., S. 185–199.

Die hiesige „Regionalgeschichte" geht explizit auf die politischen Konstellationen nach dem II. Weltkrieg in der sowjetisch besetzten Zone bzw. der aus ihr hervorgehenden DDR zurück.[57] Das war keine Besonderheit der Regionalgeschichte an sich, sondern ihre speziell ostdeutsche Variante.[58] Natürlich war es keine direkte lineare Folge des Jahres 1945, aber sie hatte ihre Ursachen in jenen Nachkriegs-Zeiträumen. Im Bestreben, einen antifaschistischen Neuanfang etablieren zu müssen, war ein schrittweiser Abbau des bisher „gültigen obrigkeitlichen" Geschichtsverständnisses – personell-intellektuell, institutionell, wissenschaftsorganisatorisch-strukturell und ideologisch – notwendig.

Wie es in den westlichen Regionen Deutschlands seitens der Herrschenden dabei – zugespitzt gesagt – Unterlassungen gegeben hat, so gab es in den östlichen Territorien – ebenfalls zugespitzt gesagt – Vergröberungen seitens der Herrschenden bei der Durchsetzung jener generellen Notwendigkeiten.

Der Straßburger und spätere Jenenser Mediävist Matthias Werner (*1942) sieht das folgendermaßen: Nach 1945 habe es in der BRD (alt) ein

> „sprunghaftes Anwachsen der weitergeführten Landesgeschichtsforschung in Archiven, Kommissionen, Vereinen, Instituten und in der akademischen Lehre in zunächst großer inhaltlicher, thematischer und methodischer Vielfalt" gegeben, in der sowjetischen Besatzungszone und späteren DDR sei die Entwicklung „gegenläufig" gewesen.[59]

---

57 Dass sie in Frankreich oder in der BRD (alt) andere Ausgangspunkte hat, sei ausdrücklich angemerkt.

58 U. a. Reiner Groß: Geschichte Sachsens, Leipzig 2001, S. 279–298.

59 Matthias Werner: Zwischen politischer Begrenzung und methodischer Offenheit. Wege und Stationen deutscher Landesgeschichtsforschung im 20. Jahrhundert. In: Die deutschsprachige Mediävistik im 20. Jahrhundert, hg. v. Peter Moraw, Rudolf Schieffer, Ostfildern 2005, S. 251–364, hier S. 348.

In den Jahren nach 1945 existierte wohl eine antifaschistisch-demokratische Geschichtsschreibung der kleinen Räume, aber sie verbarg sich hinter „großen" Sachbegriffen: Stadt- und Hansegeschichte, Geschichte der sozial-religiösen Bewegung, Agrargeschichte, Reformation und Bauernkrieg, Wirtschafts-, Sozial- und Kulturgeschichte, Vormärz, Revolution von 1848/49, November-Revolution 1918 und vorzugsweise Arbeiterbewegung.[60] Da die lokalen und regionalen historischen Vereine 1945 aufgelöst worden waren, versammelte sich das wissenschaftliche und das Interessentenpotential seit 1958 hinter dem Kulturbund bzw. in den sächsischen Gebieten hinter den Sächsischen Heimatblättern (1955) resp. deren Vorläufern (1954). Auch im wissenschaftlichen Bereich gab es bemerkenswerte Neuansätze, teils nach, teils neben Rudolf Kötzschke (1867–1969).[61] Aber dennoch scheiterte das Konzept einer „Rettung" der institutionalisierten Landesgeschichte in Leipzig – trotz einer Intervention von Walter Markov 1950.[62] Dieser Situation entsprang in der DDR 1961 das strategische Konzept der Regionalgeschichte: Wenn es seit 1952 keine Länder mehr gibt,[63] ist auch kein „Landesbewusstsein" mehr sachdienlich, folglich ist ebenso die seit 1918/1925 überflüssige Pflege des „Landesherren-Gedenkens", in Sachsen also der „Wettin-Orientierung", obsolet geworden.[64]

60 Historische Forschungen in der DDR. Analysen und Berichte. Zum XI. Internationalen Historikerkongreß in Stockholm August 1960. ZfG Sonderheft VIII (1960).

61 Uwe Schirmer: Graduierungsschriften am Leipziger Seminar für Landesgeschichte und Siedlungskunde (1906–1950). Ein Forschungsbericht. In: Rudolf Kötzschke und das Seminar für Landesgeschichte und Siedlungskunde an der Universität Leipzig. Heimstatt sächsischer Landeskunde, hg. v. Wieland Held und Uwe Schirmer, Beucha 1999, S. 91–144.

62 Wieland Held: Die Bemühungen um die Weiterführung der wissenschaftlichen Traditionen des Leipziger Seminars für Landesgeschichte und Siedlungskunde nach 1935. In: Held/Schirmer (Hg.): Kötzschke, S. 71–90, v. a. S. 87.

63 Karl-Heinz Hajna: Zur Vorbereitung des Überganges von den Ländern zu den Bezirken in der DDR 1952. In: JbfRegG 16/II, 1989, S. 156–168.

64 Zur Abdankung König Friedrich August III. vgl. Groß, Geschichte Sachsens, S. 254 f.

Dass sich dieser (regionale) Gedanke mit der materialistischen Sicht vom Verlauf der Geschichte paarte und zur Regionalgeschichte führte, stieß in „westlicher" Sicht auf grundsätzliche Kritik: In der Regionalgeschichte sah man – ob ihres Zuschnitts auf den historischen Materialismus – den generellen gesellschaftlichen Gegner, und man sah in ihrer Orientierung auf kleine Räume die Zerstörung der traditionellen Landesgeschichte in ihren angestammten Territorien.

Der Kern des Gegensatzes Regionalgeschichte versus Landesgeschichte ist folglich geschichtsphilosophischer Natur. Für den Historiker: Landesgeschichte entspricht weitgehend der Tradition eines föderalen Nationalgebildes, Regionalgeschichte zerstört diese wichtige Lebensader. Ist dem tatsächlich so?

Den gesamten Entwicklungsgang von 1945 bis 1989 verfolgt – eingebunden in die prägenden Beziehungen von Politik und Geschichtsschreibung – Winfried Müller, natürlich aus seiner bayerischen Perspektive, aber sachlicher und oft zurückhaltender als viele andere Autoren, auf deren nähere Kennzeichnung in diesem Zusammenhang verzichtet werden soll.[65] Auch auf den Einzelfall trifft das zu. So nehmen die Ausführungen von Enno Bünz das Kötzschkebild Karl Czoks nicht in vollem Umfang wahr,[66] denn Letzterer sagte in einem SAW-Vortrag 1981 explizit: „Erst die ‚Sächsische Geschichte' von Rudolf Kötzschke" hat die „Fürstengeschichten" der älteren Zeit „zugunsten von Wirtschafts-, Siedlungs-, Sozial-, Verfassungs- und Kulturgeschichte zurücktreten lassen bei weitgehender Beachtung der Wechselbeziehungen von Reichs- und Landes-

65 Winfried Müller: Landes- und Regionalgeschichte in Sachsen 1945–1989. Ein Beitrag zur Geschichte der Geschichtswissenschaft in der DDR. In: Bll. für deutsche Landesgeschichte 144 (2008) 2010, S. 87–186.

66 Enno Bünz: Landesgeschichte in Sachsen – Traditionen und Perspektiven. In: Denkströme. Journal der Sächsischen Akademie der Wissenschaften 6 (2011), S. 61–83, hier S. 75. Dennoch zolle er, wie mir Enno Bünz in einem Brief am 14. November 2022 versicherte, der Lebensleistung von Karl Czok Respekt.

geschichte". Doch sei dessen „Boden"-Orientierung „im Faschismus durch die Geo- und Rassenpolitik pervertiert worden".[67]

Im Osten, und nicht ohne Einfluss der Politik, haben nach 1945 Wissenschaftler und historisch interessierte Laien viele Prozesse, Personen und Umstände „neu" erforscht und nach „anderen" Lösungen gesucht. Viele alte und etabliert gewesene Fachvertreter wirkten engagiert *neben* ihnen und haben das mit ihren methodologischen und methodischen Mitteln ebenfalls getan, doch wurde ihr Einfluss gezielt reduziert. Einige von ihnen zogen sich in westliche Regionen zurück und arbeiteten in traditioneller Weise und in bekannten Strukturen.[68] Daraus entwickelten sich die „Fronten" zu den Regionalhistorikern in der DDR. Motive, Beweggründe, Anstöße und Ursachen variieren und sind nicht in allen Fällen erkennbar. Das betrifft ihren Weggang wie ihre Aktivitäten gegen die Regionalgeschichte.

Am Beispiel der Hanse- und Stadtgeschichtsforschung bis 1960 sei der progressive Entwicklungsstrang im Osten angedeutet: Gerhard Heitz, Eckhard Müller-Mertens, Johannes Schildhauer, Ernst Werner und Karl-Friedrich Olechnowitz, Adolf Laube, Manfred Unger, Martin Erbstößer, Konrad Fritze, Heinz Pannach, Herbert Ewe, Erich Neuß, Karl Steinmüller, Horst Thieme, Karl Czok, Siegfried Hoyer und Erich Paterna, Evamarie Raschke/Engel, Alfred Kunze, Erika Engelmann/Uitz u. a. haben auf ihren Fachgebieten einen „materialistischen Einstieg" oder einen Zugang gewagt, der daran angelehnt war.

Für Matthias Werner ging mit der III. Hochschulreform im Osten der institutionelle Rahmen für die Landesgeschichte voll-

---

67 Karl Czok: Über Traditionen sächsischer Landesgeschichte. In: Sitzungsberichte der Sächsischen Akademie der Wissenschaften zu Leipzig. Philologisch-historische Klasse, Bd. 123, H. 4, Berlin 1983, S. 7. Vgl. dazu auch: Esther Ludwig: Rudolf Kötzschke – Das schwere Bemühen um die Bewahrung der ‚unantastbaren Reinheit des geschichtlichen Sinnes'. In: Rudolf Kötzschke und das Seminar für Landesgeschichte und Siedlungskunde, Beucha 1999, S. 21–70, hier v. a. S. 59.

68 Werner, Zwischen politischer Begrenzung, S. 350, zählt einige namentlich auf.

ends verloren und landete bei der „Geschichte der örtlichen Arbeiterbewegung".[69] Für einen Mediävisten, der in „westlichen Regionen" noch 1969 „von [der] Symbiose von Landesgeschichte und Mittelalterforschung"[70] spricht, ist das verständlich und keineswegs abwertend, aber es kann wohl kaum Gültigkeit für die „gesamte" Geschichte haben.

Zu den strukturellen Veränderungen im Bereich des Instituts für Deutsche Geschichte, die im Zusammenhang mit den Etappen der Hochschulreform stehen, gibt es unterschiedliche Auffassungen und Beobachtungen. Zu ihnen gehört die Sicht von Hartmut Zwahr (*1936), die er in der Frühjahrssitzung der Historischen Kommission 2011 vorgetragen hat und in der er von der „Zerschlagung der Landesgeschichte (1958) sowie Regionalgeschichte (1968) als akademischer Wissenschaftsdisziplin an der KMU Leipzig" spricht.[71] Etwas andere Akzente setzte Karl Czok selbst, denn von der Sektionsleitung heißt es, er

> […] hat im vergangenen Studienjahr beim Neuaufbau und der Leitung des neugebildeten Lehrstuhls ‚Deutsche Geschichte 1917–1945/Regionalgeschichte' eine umfangreiche wissenschaftlich-organisatorische Arbeit erfolgreich geleistet

und wurde entsprechend prämiiert.[72] In welchem Umfang er dabei dennoch *seine* Programme realisiert hat, wird möglicherweise über studentische Aufzeichnungen jener Zeit kontrolliert werden können. Oder muss man doch bis 2038 warten?

Nach einer Reihe von Arbeitsberatungen im Februar und Mai 1961[73] fand im Juli 1961 in Görlitz die Gründungskonferenz der Arbeitsgemeinschaft „Heimat- und Landesgeschichte" innerhalb der Deut-

---

69 Ebd., S. 352.

70 Ebd.

71 B. C., Brief v. 27. Mai 2011.

72 UAL, PA 3459, Karl Czok, Bl. 68.

73 Vgl. dazu die Bibliographie von Karl Czok in dessen Festschrift, III/Nr. 10–16.

schen Historiker-Gesellschaft statt – eine Tagung, die einesteils die bisherigen Forschungsleistungen und ihre Versäumnisse bilanzierte und auf der andernteils der von Jena nach Leipzig gekommene Frühneuzeitler Max Steinmetz „Die Aufgaben der Regionalgeschichtsforschung in der DDR…" formulierte.[74] Das Konzept war vorher im Leipziger Institut für Deutsche Geschichte und vielen Einzelgesprächen, selbst im Kulturbund, diskutiert worden und wurde auch umgehend in der Historikeröffentlichkeit der DDR aufgegriffen.

Karl Czok meinte dazu, es könne

> die marxistische Regionalgeschichte keine einfache Fortsetzung der bürgerlich deutschen Landesgeschichtsschreibung sein, obwohl sie die großen Leistungen und fortschrittlichen Traditionen, die diese vor allem im 18. und 19. Jahrhundert hervorbrachte, weiterzuführen bestrebt ist.[75]

Dass es dabei eine Differenz zwischen Max Steinmetz und Karl Czok gegeben haben soll, vermag ich nicht zu sehen.[76] Während Max Steinmetz „alle Formen raumbezogenen historischen Arbeitens… unterhalb der Ebene der Nationalgeschichte zusammenfaßte", habe Karl Czok mit der Gründung des Jahrbuchs für Regionalgeschichte und einer Kommission für Regionalgeschichte der DDR-Historikergesellschaft die „programmatische Abwendung von der ‚Landesgeschichte'" vollzogen, „der er geographischen Determi-

74 Max Steinmetz: Die Aufgaben der Regionalgeschichtsforschung in der DDR bei der Ausarbeitung eines nationalen Geschichtsbildes. In: ZfG 9 (1961) 8, S. 1735–1773.

75 Karl Czok: Zu den Entwicklungsetappen der marxistischen Regionalgeschichtsforschung in der DDR. In: JbfRegG I, Leipzig-Dresden 1965, S. 9–24, hier: S. 16.

76 Werner, Zwischen politischer Begrenzung, S. 353, Anm. 381. Am Rande sei wiederholt: Differenzen zwischen Leipzig und Berlin waren „Alltagsware"; außerdem: Karl Czok war gerade zum Leiter der AG „Heimat- und Landesgeschichte" innerhalb der DHG gemacht worden. Und was das Verhältnis von Steinmetz und Czok betrifft: Karl Czok stand kurz vor seiner Habilitation und Max Steinmetz war sein Chef und künftiger Gutachter.

nismus, Fixierung auf nur eine von vielen möglichen Ebenen historischer Forschung und Vernachlässigung der jüngsten Vergangenheit und aktueller Bezüge vorwarf".[77]

Wenn man jene Autoren zur Kenntnis nimmt, die Karl Czok zum Nachweis seiner Äußerungen heranzieht (Gretschel/Bülau, Böttiger/Flathe, Sturmhöfel, Kaemmel), wird man eine Kritik an Czok schleunigst zurücknehmen müssen, denn es ging diesen Autoren in der Tat um das „Hohe Lied" auf landesherrliche Macht.[78] Wird das jedoch mit gleicher Intensität auf die Haltung Karl Czoks zur Kötzschke-Schule bezogen, ist das unzutreffend oder mehr, und man sollte, bevor solche „Wertungen" ausgesprochen werden, vor allem einen Blick auf die regionale *Forschungspraxis* werfen.

Es sei in diesem Zusammenhang daher nochmals unterstrichen, dass beide, Steinmetz und Czok, die Beziehungen zwischen den unterschiedlichen Ebenen im Raum betonten – wie sie sich aus den wechselweisen Bezügen zwischen nationaler, regionaler und lokaler Geschichte ergeben, dass sich die Brauchbarkeit des materialistischen Ansatzes erwiesen habe, von den Entwicklungsprinzipien und Gesetzmäßigkeiten der Gesellschaft auszugehen und dass Naturgesetze allenfalls eine sekundäre Rolle spielen, wenn es um gesellschaftliche Entwicklung gehe. Ebenso sei evident, die maßgebliche Rolle der Volksmassen im historischen Prozess zu betonen wie der Heimatliebe als wesentlicher Kategorie einen Platz einzuräumen.[79] Das sei, so Karl Czok in seinem Report von der Konferenz in Olomouc 1963, auch von polnischen und tschechoslowakischen

77 Reinhard Stauber: Regionalgeschichte versus Landesgeschichte? Entwicklung und Bewertung von Konzepten der Erforschung von ‚Geschichte in kleinen Räumen' In: Storia e Regione 9.6.2021, https://storiaeregione.eu [Zugriff v. 12.11.23]

78 Karl Czok: Über Traditionen sächsischer Landesgeschichte, v.a. S. 5–7.

79 Czok, Zu den Entwicklungsetappen. Karl Czok: Forschungen zur Regionalgeschichte. In: ZfG. Sonderbd. 1970. Historische Forschungen in der DDR 1960–1970. Analysen und Berichte. Zum XIII. Internationalen Historikerkongreß in Moskau 1970, Berlin 1970, S. 234–247.

Historikern unterstrichen worden.[80] Josef Bartos, beispielsweise, befürwortet diese Auffassung gleichermaßen.[81]

Zur Koordinierung der regionalen universitären und außeruniversitären Forschungs- und Lenkungsarbeit, wie sie beispielsweise auch bei den Hansehistorikern üblich war, ist durch das Präsidium der Deutschen Historiker-Gesellschaft eine Kommission für Regionalgeschichte mit Karl Czok als Leiter gebildet worden.[82]

Nach längeren schriftlichen Vereinbarungen und mündlichen Absprachen zwischen dem Leipziger Geschichtsinstitut und den „Sächsischen Heimatblättern" bzw. ihren Vorläufern – den Heimatkundlichen Blättern des Bezirkes Dresden (1954), an denen entscheidend Karl Czok und im Auftrag des Kulturbundes Gerhard Thümmler (1920–2007) beteiligt waren – wurde schließlich unter Mühen 1965 das „Jahrbuch für Regionalgeschichte" zur Welt gebracht. Es galt zunächst als Beiheft der „Sächsischen Heimatblätter" und wurde von den beiden Hauptinitiatoren redigiert. Einfühlsam beschrieb Reiner Groß diesen Vorgang in seiner Autobiografie und verwies dabei gleichzeitig auf die Rolle, die die Staatliche Archivverwaltung gespielt hatte, als es darum ging, das Wiedererscheinen des „Neuen Archivs für die Sächsische Geschichte" zu unterbinden.[83] Nach dem Geleitwort von Max Steinmetz, dem Direktor des Instituts für Deutsche Geschichte an der Karl-Marx-Universität, sollte das Jahrbuch mit „vorbildlichen methodologischen und methodischen regionalgeschichtlichen Beiträgen auf den breiten Kreis der Heimathistoriker ausstrahlen".

80 Karl Czok: Internationale Konferenz zur Regionalgeschichte. In: JbfRegG I, S. 185–189.

81 Josef Bartos: Methodologische und methodische Probleme der Regionalgeschichte. In: JbfRegG VIII, Weimar 1981, S. 7–17.

82 Hartmut Zwahr: Berufung einer Kommission für Regionalgeschichte beim Präsidium der Deutschen Historiker-Gesellschaft. In: JbfRegG II, Weimar 1967, S. 186–188.

83 Reiner Groß: Von Braun über Rot zu Schwarz. Gedanken und Erinnerungen eines Archivars und Landeshistorikers. Eigenverlag [Kreischa] 2018, S. 100 f.

Dass es in der Tat sehr bald zu einem Bindeglied zwischen universitär Verpflichteten, Museums- und Archivangestellten sowie kulturhistorisch interessierten Laien wurde, stand zwar mit einem aufwandsreichen Entwicklungsgang und zeitweise mit erheblichen Anfeindungen in Beziehung, galt aber als „Alltagsrealität". Sachlich zeichnete Matthias Steinbrink[84] diesen Prozess nach, der in erster Linie ein Werk von Karl Czok war.

Nachfolgend sollen die Jahrgänge 1 bis 20 (1965–1995/96), also die Bände unter Karl Czoks direkter Herausgeber-Verantwortung, etwas näher in Augenschein genommen werden.

Herausgeber a) Abt. Deutsche Landesgeschichte des Instituts für Deutsche Geschichte an der Karl-Marx-Universität Leipzig in Verbindung mit der Historischen Kommission bei der Sächsischen Akademie der Wissenschaften und der Zeitschrift „Sächsische Heimatblätter" - I/1965
b) Gleicher Hrsg., ohne SächsHbll. – II/1967
c) Abt. Regionalgeschichte des Instituts für Deutsche Geschichte der Karl-Marx-Universität in Verbindung mit der Kommission für Regionalgeschichte der Deutschen Historikergesellschaft und mit Unterstützung der Historischen Kommission der Sächsischen Akademie der Wissenschaften – III/1968
d) Historische Kommission der Sächsischen Akademie der Wissenschaften – IV/1972, V/1975, VI/1978, VII/1979, VIII/1981, IX/1982, X/1983, XI/1984, XII/1985, XIII/1986, XIV/1987, XV-1/1988, XV-2/1988, XVI-1/1989, XVI-2/1989, XVII-1/1990

84 Matthias Steinbrink: (Über)Regionalgeschichte, Neuausrichtung und Aufgaben des ‚Jahrbuchs für Regionalgeschichte' und das Problem der Überregionalität. In: Küster (Hg.), Medien, S. 285–299.

e) Jetzt mit dem Titel: Jahrbuch für Regionalgeschichte und Landeskunde XVII-2/1990, XVIII/1991/92, XIX/1993/94
f) Gedruckt mit Unterstützung des Freistaates Sachsen (Sächsisches Staatsministerium für Wissenschaft und Kunst) – XX/1995/96

Verlag a) Beiheft der Zs. „Sächsische Heimatblätter“ – I/1965
b) Verlag Hermann Böhlaus Nachfolger Weimar – II/1967 – XIX/1993/94
c) Verlag der Sächsischen Akademie der Wissenschaften zu Leipzig/In Kommission bei Franz Steiner Verlag Stuttgart – XX/1995/96

Herausgeber und Redaktion firmierten zunächst zusammen (Czok, Thümmler), waren aber ab Bd. II getrennt. Karl Czok arbeitete bis Bd. XX als Herausgeber. In der Redaktion spielten v.a. Manfred Unger, Hans Maur, Hans Walther und Hartmut Zwahr eine Rolle, der ab Bd. IV ausschied. An seine Stelle trat Werner Mägdefrau. Ab Bd. XI gab es eine Mitarbeit von I. Kölling, A. Monden und I. Pohlenz, ab Bd. XII zusätzlich von R. Pohlers.

Mit Bd. XIII kamen Lieselott Enders (zugleich für Rezensionen und Annotationen verantwortlich), Miroslav Hroch (ČSSR), Konrad Fritze, Reiner Groß, Josef Hartmann und Peter Rakow in die Redaktion. In Bd. XV/2 wurden H.-J. Hacker und in Bd. XVI/1 Helga Schultz und Herwig Ebner (A) aufgenommen, bei Bd. XVI/2 kam Hans-Joachim Kessler hinzu. Ab Bd. XVII/2 schied Konrad Fritze (†) aus, Rainer S. Elkar, Peter Steinbach und Angelika Monden kamen hinzu, ab Bd. XVIII wurden Günther Wartenberg, Helmut Bräuer, Anne-Marie Dubler (CH), Rolf Lieberwirth, Ivan Hlavacek (CR) und Wilhelm Störmer einbezogen. Bd. XVIII besaß zugleich eine neue Herausgeberreihe: Czok, Dubler, Ebner, Elkar, Wartenberg, mit Bd. XIX schied Dubler als Herausgeberin aus und Peter Steinbach kam dazu. Diese Gremien blieben auch für Bd. XX präsent.

In den Monaten der Entstehung von Bd. XIII (1986) trat als erstes ausländisches Redaktionsmitglied Miroslav Hroch (Praha) in das Kollegium ein.

Vor allem aber ist seit Bd. XVIII (1991/92) der Grazer Herwig Ebner hervorzuheben, der nicht allein viele Jahre Herausgeberarbeit leistete, sondern auch Redaktionsaufgaben übernahm und bei Bd. XIX (1993/94) dafür sorgte, dass sich die Steiermärkische (!) Landesregierung am Budget des Jahrbuchs beteiligte, dessen Erscheinen sonst gefährdet gewesen wäre.

Aufsatzverfasserschaften wurden bis Bd. XX als 231 Einfach-, 7 Doppel- sowie eine dreifache Autorschaft gezählt. Von diesen 240 Autoren waren 30 Frauen.

Mehr als drei Aufsätze verfassten in diesen Jahren bis 1995/96: Karl Czok, Jürgen John und Agatha Kobuch. Es folgten mit je drei Arbeiten: Helga Schultz, Werner Bramke, Werner Mägdefrau, Wieland Held, Ernst Müller, Lieselott Enders, Johannes Schildhauer, Erik Neuß, Siegfried Hoyer, Helmut Bräuer, Helmut Assing, Heidelore Böcker und Karl-Heinz Hajna.

Qualifikation der Autorenschaft

Rund 85 % der aufsatzschreibenden Autorinnen und Autoren waren zum Zeitpunkt ihrer Autorschaft mindestens promoviert, der große Teil der verbleibenden Schreiber verfügte über ein Fach-Diplom, meist als Historiker.

Von den Aufsatzverfassern stammten vier aus der ČSSR/Tschechien, je drei aus Österreich und Polen, zwei aus der Schweiz, je einer aus der UdSSR und aus Frankreich.

Texte

Die formale Struktur des Jahrbuchs hat sich im Verlauf der Zeit mehrfach geändert. Grob gliedern sich die Bände in 231 Aufsätze oder Abhandlungen, 57 Miszellen, 25 Berichte, zwei Literaturberichte, zwei Mitteilungen, 1.336 Rezensionen und Annotationen (ansteigend), und Ehrungen für Herbert Ewe, Reiner Groß, Lieselott Enders und Karl Czok sowie Nachrufe für Leiva Petersen, Hellmut Kretzschmar, Heinrich Sproemberg und Konrad Fritze, Horst Thieme und Horst Schlechte.

Themen

Wer die genauen Themen der Aufsätze kennenlernen möchte, sei auf die Inhaltsverzeichnisse in den jeweiligen Bänden verwiesen. Ansonsten bleibt nur der unbefriedigende Gang über Schlagworte zur Wahl. Dabei ist die Vielfalt der Begriffsbezüge im jeweiligen Thema das Haupthemmnis. Unter dem Begriff „Bildung“ wird man wohl den Terminus „Neulehrer“ finden, nicht aber, dass es sich um den ehemaligen „Bauernsohn“ „Max Meumeier“ aus „Barnim“ handelt. Die Auflistung ist also lediglich ein Notbehelf, um die Bandbreite der Themen zu demonstrieren. Die Zahl in Klammern (2) zeigt die Anzahl der Beiträge an, die zum Thema etwas aussagen.

Absolutismus, Landesherr:	Absolutismus (1), Hof (1), Justiz (1), Staat und Stände (1), Mutschierung (1), Beamte (1), Gesandte (1)
Adel:	Adel und Bauernkrieg (1), Fürstenreformation (1)
Antifa:	Parteien (3), bürgerlicher, proletarischer Widerstand (2)
Arbeiter:	Arbeiterbewegung (5), Lohnarbeit (2), proletarische Kommunalpolitik (6), Arbeiterin (1), Soziale Frage (1), Traditionspflege (1), Bildungspolitik (1)
Aufklärung:	(3)
Bauern, Dorf:	Sozialschichtung (1), Gutswirtschaft (1), Abgaben (1), Dorfordnung (1), Bodenreform (1), Agrarpolitik (1), faschistische Bodenpolitik (1), Domänen (2), Spitalbauern (1), Landhandwerk (2), Genossenschaft (1), Flurformen (1), Strafgelder (1), Landgemeinde (2), frühbürgerl. Revolution (1), antifeudaler Kampf (4), Landmaschineneinsatz (1)

Bildung:	Neulehrer (1), Intelligenz (1), Schule (2)
Handwerk:	Handwerksmeister (2), Handwerkerfrauen (1), Dorfhandwerk (1), Gesellen (4)
Historiographie:	Regionalgeschichte (3), Siedlungsgeschichte (1), Volkskunde (1), Methodenstreit (1), Landesgeschichte (11), regionalgesch. Methodologie (1), Urkunden (2), Chronistik (1), Flurkarten (1)
Humanismus:	Schulpforta (1)
Krieg:	30jähriger Krieg (2), Kommunalgarde (1)
Kriminalität:	(2), Randgruppen (1)
Kultur, Kunst:	Musik (4), Kulturpolitik (1), Bildende Kunst (1)
Namenkunde:	Slawische Ortsnamen (1), Sorben (1)
Reformation, Kirche:	Dorfkirche (1), Klosterbesitz (2), Landbesitz Kirche (1), Säkularisierung (2), Kirchenbau (1), Müntzer (1), Kirchenordnung (1), Luther (2), Eid und Reformation (1), frühbürgerliche Rev. (2), Vorgeschichte Bauernkrieg (2), Reformatoren (1), Erneuerung des Luthertums (1)
Reich:	Landesausbau (2), Beziehung z. Ausland (2)
Siedlung:	Befestigte Siedlung-Burg-Stadt (3)
Staat:	Beseitigung Kleinstaaterei (1)
Stadt:	Hanse-Städtebünde (6), Bürgerkämpfe (2), Bürger (sozial) (1), Volksbewegung (7), Messe (2), Stadtbrief (1), Stadt in deutscher Geschichte (3), Großstadt (1), Stadt und frühbürgerliche Rev. (1), soziale Struktur/Vorstädte (3), Stadtansichten (2), Städtebau (4), Bürger und Bauern (1), Stadt und Vorstadt (2), Stadtentwicklung (1), bürgerl. Kommunalpolitik (2), Kleinstadt (7)
Universität:	(5)
Verfassung, Verwaltung, Justiz:	SBZ-Bezirke (1), Kommunalverfassung (2), Steuern (1), Gericht (2), Konterrevolution (1), Landesverwaltung (1), Verwaltungszusammenarbeit mit SMAD (1), Diktatur des Proletariats (1), Beamte (1)

Wirtschaft: Wirtschaftspolitik (1), Industrie/Industrielle (2), Streik (1), Handel (2), Kameralisten (1), Finanzwirtschaft (2), Volkseigentum (5), Planwirtschaft (2), Freihandel (1)

Geografische Streuung

Die geografische Verteilung muss als ungleich bezeichnet werden. In 72 Fällen betrafen die Beiträge das Gebiet des jetzigen Freistaates Sachsen. Thüringen und Mecklenburg folgten mit Abstand. Sachsen-Anhalt und Berlin/Brandenburg rangierten am Schluss. Weit mehr als 50 Aufsätze waren geografisch nicht zuzuordnen, weil es sich um theoretische oder räumlich übergreifende Arbeiten handelte.

Rezensionen

Der Kreis der Rezensionen und Annotationen (1.336) ist breit gestreut und betrifft alle Teilgebiete der Fachwissenschaft und ihrer Randgebiete. Waren es anfangs vornehmlich wenige Besprechungen, so stieg deren Zahl unkontinuierlich an und erfasste ab Bd. XIII (1986) auch Annotationen. Dieser Teil erreichte in Bd. XX (1995/96) 169 Besprechungen und etwa halbseitige informierend-bücherkritische Anmerkungen.

Diese Berichte wurden von den Lesern als wichtige Forschungshilfen betrachtet, boten, in zumindest einigen Fällen, Möglichkeiten, privat zu internationaler Literatur zu kommen, spielten aber vorzugsweise eine Rolle zum Kennenlernen des internationalen Forschungsgeschehens, zumal das Literaturangebot ständig umfangreicher und inhaltlich spezialisierter wurde.

Hinter dem Begriff „Regionalgeschichte“ resp. dem „Jahrbuch für Regionalgeschichte“ steht eine erhebliche Bandbreite von Sachverhalten, die das „gesamte“ Leben der Menschen in einer bestimmten Region oder einem geografischen Raum unterhalb der Nationalgeschichte berühren. Wenn man von „Lebensvielfalt" spricht, trifft das genau jene Intension, die Karl Czok und der Kreis seiner Gesinnungs- und Berufskollegen hatte: die „gesamte" Geschichte. Dass das relativ gesehen werden muss, versteht sich, denn es schließt ein, dass eine Vielzahl von Themenfeldern nicht oder nicht ausreichend abgedeckt wurden, weil u. a. ein Periodikum stets auch davon abhängig ist, welche Problemkreise zum jeweiligen Zeitpunkt bearbeitet und als Manuskript angeboten werden. Die soziale Spannweite der Themen enthält die Gesamtheit der hierarchischen Gliederung der real existierenden Bevölkerung. Vereinfacht gesagt: Adel – Bürger – Bauer – Arbeiter – Bettelmann finden sich wieder. Und selbstredend auch deren Frauen.

Das Gros der Beiträge steht konzeptionell weitgehend auf einer materialistischen Basis, war quellenfundiert und quellenkritisch. Dass dabei mancherlei politisch-ideologische Blüten gediehen und „mitverkauft" wurden, war ehedem politischem Druck, „taktischem Kalkül" oder der Selbstzensur geschuldet und ist aus der Retrospektive zu bedauern.

Im Kontext regionaler Orientierung mit erweiterter Ausstrahlung stehen zwei Problemkreise, die in diesem Teil hier abschließend berührt werden sollen: Karl Czoks Position zur frühbürgerlichen Revolution sowie seine Aktivitäten und Haltungen zur Handwerksgeschichte.

Erstens.

Wer – seit den 1960er Jahren – mit Gelassenheit und Interesse die Debatten um Reformation und Bauernkrieg zur Kenntnis nimmt, stößt auf den Begriff „(deutsche) frühbürgerliche Revolution". Er wird in der empirischen und theoretischen Arbeit der marxistischen Historiker gebraucht, von nichtmarxistischen Historikern in unterschiedlicher Qualität zurückgewiesen.[85] Ein „zurückhaltender" Ge-

85 Vgl. u. a. Martin Roy: Luther in der DDR. Zum Wandel des Lutherbildes in der DDR-Geschichtsschreibung, Bochum 2000, v. a. S. 127–147: Das Konzept der

brauch der Beifügungen „sogenannte frühbürgerliche“ Revolution meint jedoch auch, dass die Verwendung „inkorrekt“ erfolgt sei, also den Tatsachen nicht gerecht werde.

Nur höchst selten ist allerdings um eine begriffliche Figur so heftig gestritten worden wie in diesem Fall – in Aufsätzen, Studien und Monographien, Rezensionen und Reden, aber auch in Wandbildern und Gedenksteinen, selbst auf Bühne und Leinwand. Wissenschaftsgeschichtlich hat also dieses Phänomen die Forschung, wie auch deren praktische Gestaltung und Ergebnispräsentation geradezu befeuert. Sie war folglich ein kultureller Gewinn. Karl Czok sieht das ebenso.[86]

Günter Vogler hat in äußerst subtiler Weise 2001 (Wiederabdruck 2011) die überaus komplizierte Genese und Evolution des Begriffs verfolgt und dargestellt.[87] Dieser Terminus hat seinen Ausgangspunkt bei Friedrich Engels‘ (1820–1895) „Revolution Nr. 1 der Bourgeoisie“, führt über die sowjetische Geschichtsschreibung (u. a. M. M. Smirin [1895–1975]), Alfred Meusel (1896–1960), 1952, und Günter Mühlpfort (1921–2017), 1953, zu Max Steinmetz und zur Januarkonferenz 1960 von Wernigerode. Dort waren von Max Steinmetz in 33 Thesen und dem Grundsatzreferat „Probleme der frühbürgerlichen Revolution in Deutschland in der ersten Hälfte des 16. Jahrhunderts“[88] die Basis für die Debatte um den Begriff und seine Grundsatzfragen präsentiert worden.

---

frühbürgerlichen Revolution. Dazu die Rezension von Martin Brecht, in: Theologische Literaturzeitung, Januar/2003, S. 61–63 (online-Fassung, Zugriff Aug. 2023). Zu den sachkundigsten Gesprächspartnern in den 1970er Jahren gehörte der Hamburger Frühneuzeitler Reiner Wohlfeil (*1927). Reiner Wohlfeil: Reformation oder frühbürgerliche Revolution? München 1972.

86 Czok, DDR-Regionalgeschichte im Zwiespalt, S. 196.

87 Günter Vogler: Das Konzept „deutsche frühbürgerliche Revolution“. Genese – Aspekte – kritische Bilanz. In: Ders.: Signaturen einer Epoche. Beiträge zur Geschichte der frühen Neuzeit, hg. von Marion Dammaschke, Berlin 2012, S. 59–88, hier S. 60–67.

88 Gerhard Brendler (Red.): Die frühbürgerliche Revolution in Deutschland, Berlin 1961, S. 7–16, S. 17–52.

Der inhaltliche Zusammenhang von Reformation und Bauernkrieg und die zeitliche Nähe beider Ereignisse waren auch in den internen Gesprächen im Leipziger Historischen Institut am Peterssteinweg kein zentrales Thema. Aber eine längere Reihe von Aspekten des Geschehens in der ersten Hälfte des 16. Jahrhunderts wurde dennoch unter marxistischen Historikern gegensätzlich oder zumindest kritisch behandelt. Auch im Zusammenhang mit Jan Hus und einigen Historikern des Nachbarlandes.

Einen zentralen und substanziell wesentlichen Beitrag zur Diskussion steuerte hier Karl Czok mit dem Blick auf die städtischen Kämpfe der Zeit und deren Dynamik bei, als er den entsprechenden Abschnitt seiner Habil-Schrift von 1963 überarbeitete. Mit Bezug auf die Mühlhäuser Bewegung von 1523 meinte er:

> Nachteilig hat sich jedoch dabei ausgewirkt, daß diese Mühlhäuser Bewegung weder im Zusammenhang mit denen anderer Städte in der ersten Hälfte der zwanziger Jahre verglichen, noch in die Gesamtentwicklung hineingestellt wurde, welche von den Bürgerkämpfen des Spätmittelalters zur frühbürgerlichen Revolution führte. Erst dann kann gezeigt werden, daß hier neue Erscheinungen – wenn auch vorerst nur in Ansätzen – deutlich wurden. In den Mühlhäuser Ereignissen verbanden sich alte und neue Entwicklungstendenzen.[89]

Karl Czok hat zwar das Prozesshafte dieser Verläufe gesehen, aber zugleich erkannt: Diese innerstädtischen Auseinandersetzungen „waren ein entscheidender Bestandteil der frühbürgerlichen Revolution“.[90] In seinem Werk „Die Stadt“ (1969) verweist er dann darauf, dass sich die Widersprüche in den kleineren Städten „erst zur Zeit der frühbürgerlichen Revolution so weit entwickelt [hatten], daß es

89 Karl Czok: Revolutionäre Volksbewegungen in mitteldeutschen Städten zur Zeit von Reformation und Bauernkrieg. In: Leo Stern, Max Steinmetz (Hg.): 450 Jahre Reformation, Berlin 1967, S. 128–145, hier S. 132 und Anm. 1.

90 Ebd., S. 144.

zu Oppositionsbewegungen und offenen Aufständen kam".[91] Auf eben diese „neue Qualität" innerstädtischer Auseinandersetzungen legte Karl Czok in der Folgezeit besonderen Wert und ordnete sie in den Gesamtprozess der gesellschaftlichen Kämpfe ein.

Wenig später (1974) nutzte er die Gelegenheit eines Briefes an mich auch zu dem Hinweis, ich solle für einen Aufsatz den benutzten Begriff „‚Großer Bauernkrieg' doch überprüfen. Ferner wäre vielleicht noch deutlicher der Zusammenhang von Reformation und Bauernkrieg als frühb[ür]g[er]-l[iche] Rev[olution] herauszustellen".[92] Zugleich machte er mir einen neuen Titelvorschlag, der die Bindung der beiden Teilthemen „Reformation und Bauernkrieg" klarer artikulieren würde.[93]Auf diese Art hat Karl Czok die innerstädtischen Auseinandersetzungen in die Diskussion um das Konzept „frühbürgerliche Revolution" nachdrücklich eingebracht und dadurch auch die empirische Basis für die Erörterungen zur frühbürgerlichen Revolution erheblich erweitert, denn dies war bekanntlich einer der maßgeblichen Punkte der (nichtmarxistischen) Kritik an ihrem Konzept.

Überlegungen dieser Art waren zugleich der Beginn der Ausweitung seines Vorstadt-Vorort-Projekts, das sich rings um Leipzig rankte. In einer kleineren Schrift mit Max Steinmetz schrieb er dann den Part „Das Echo des Bauernkrieges 1524/25 in Leipzig und im Leipziger Land".[94] Diese Schrift ist in weiten Teilen identisch mit „Bauernkriegsereignisse im Leipziger Land"[95] – insbesondere in den regionalen Begrenzungen, den sozialen Strukturen in Stadt und

91 Czok, Die Stadt, S. 51.

92 StadtA Chemnitz, VL Bräuer, Korrespondenz 1/1961–11/75, Brief v. 4. Februar 1974.

93 Ebd. – Unter diesem Titel erschien die Arbeit dann. Vgl. Helmut Bräuer: Zwickau zur Zeit Thomas Müntzers und des Bauernkrieges. In: SächsHbll. 20 (1974) 5, S. 193–223.

94 Max Steinmetz, Karl Czok: Leipziger Land im Bauernkrieg, Leipzig 1975, S. 18–42.

95 Karl Czok: Bauernkriegsereignisse im Leipziger Land. In: JbfRegG V, Weimar 1975, S. 9–34.

Land, den religiösen Forderungen, den Absichten und Plänen, den militärischen Auseinandersetzungen und den Bestrafungsaktionen. In der Person Michel Rumpfers werden dabei die Dichte der bäuerlich-kleinbürgerlich-plebejischen Opposition und ihr antifeudaler Charakter demonstriert. Die Hoffnung, dass die Bauern in die Stadt kommen und bei der Attacke auf das Ratsregiment mithelfen würden, war jedoch vergeblich. Die Verhandlungsbereitschaft der Führer der bäuerlichen Haufen mit dem Geleitsmann hat für sie im Vordergrund gestanden.

Aber auch die Bewohner der kleineren Städte (Borna, Pegau, Rötha) verhielten sich abwartend gegenüber den Bauern, die ihre Hilfe gebraucht hätten. Diese Umstände zeigten faktisch die „Zweiseitigkeit" im bäuerlich-stadtbürgerlichen Denken und den sich daraus ergebenden Haltungen.

Andererseits haben kirchlich-religiöse Forderungen und machtpolitische Erwägungen das Zusammengehörige des „Paketes der Opposition" unterstrichen – selbst dann, wenn es nicht zu praktischen Aktivitäten kam, sondern bei Absichtserklärungen oder Deklarationen blieb. Die Strafreaktionen der Obrigkeit demonstrierten die Homogenität der Sprache der Sieger. Die Strafpredigt, die Dr. Simon Pistoris den Leipziger Bürgern hielt, traf diesen macht- und kirchenpolitischen Kern genau.[96]

Zweitens.

In der ersten Hälfte der 1970er Jahre kam der ungarische Volkskundler und Museumsdirektor Domonkos Ottó aus Sopron ins Stadtarchiv Karl-Marx-Stadt, um Reiserouten magyarischer Handwerksgesellen des 18./19. Jahrhunderts zu verfolgen. Damit begannen die sächsisch-ungarischen handwerksgeschichtlichen Kontakte, die sich bald über die internationalen Konferenzen von Veszprém (1978, 1982, 1986, 1994)[97] und die österreichischen Handwerkstagungen (leider ohne Protokoll) fortsetzten bzw. ergänzten.

96 Ebd., S. 30 f.

97 Archivmitteilungen 29 (1979), 2, S. 68; ZfG 31 (1983) 4, S. 349 f.; Handwerksgeschichtliches Symposium in Veszprém. In: Litterae currentes historiam opificii

Karl Czok nahm mein auf sächsische Städte zugeschnittenes handwerksgeschichtliches Programm 1982 an, das aus einem Oberseminarthema entwickelt worden war, ebnete die Gesprächsbahn zum Vorsitzenden der Historischen Kommission bei der SAW, Werner Coblenz (1917–1995), und sorgte auf diese Weise in den Jahren 1984 bis 1990 für sieben Veranstaltungen zum Projekt Handwerks-Geschichte, Gesellen/Organisation und Streik, Handwerk im Zeitalter von Manufaktur und Fabrik, Quellenkunde und Handwerksalltag, Bruderschaften und Handwerk, Bildung, Soziale Sicherung im Handwerk mit Gästen aus Budapest, Krems, Wien, Konstanz, Siegen, Sopron, Teplice, Bratislava, Hamburg, Münster, Bern, Bamberg, Dortmund und der DDR, die von der Universität und der SAW getragen wurden und samt und sonders in den Räumlichkeiten der Akademie in der Goethestraße stattfanden.[98] Die für Herbst 1991 geplante 8. Tagung zum Thema „Frauen im sächsischen Handwerk" fiel aus bekannten Gründen aus.

Für Karl Czok spielte die Handwerks-Thematik zwar stets im städtischen oder vorstädtisch-dörflichen ökonomischen Milieu eine Rolle, aber er hob hervor, dass deren separate Erforschung doch genauere Einblicke in diesen Bereich erlaube und viele allgemeine Prozesse durchschaubarer mache.

Außerdem hieß er die Inangriffnahme der handwerksgeschichtlichen Thematik aus Gründen der Traditionspflege für einen großen Teil der Stadt- und Dorfbevölkerung willkommen und begrüßte die „Interdisziplinarität" der Tagungen (Geschichte, Volkskunde, Wirtschaftsgeschichte/Ökonomie, Soziologie/Sozialgeschichte, Theolo-

---

et ceharum concernentes, 1–16 (1982–1990) [StadtA Chemnitz, VL Bräuer, Kasten E: Tagungen zur Geschichte des Handwerks (1984–1990)]. Von den Vesz prémer Protokollen liegen vor: [I.] Internationales Handwerksgeschichtliches Symposium, 20.–24.11.1978, Veszprém 1979; II. Internationales Handwerksgeschichtliches Symposium 21.–26.8.1982, 2 Bde., Veszprém 1982; III. Internationales Handwerksgeschichtliches Symposium 18.–24.10.1986, 2 Bde., Veszprém 1986; IV. Internationales Handwerksgeschichtliches Symposium, 9.–11.11.1994, Budapest-Veszprém 1995.

98 Groß, Möglichkeiten und Grenzen, S. 110.

gie/Kirchengeschichte, Journalistik, Pädagogik, Museologie, Archivwissenschaft), hätte aber gern dabei noch weitere Fachvertreter (Bildende Kunst, Musik, Literatur etc.) gesehen und begrüßt, auch wenn eine Sitzung zum Dorfhandwerk stattgefunden hätte, zumal Forschungen hierzu, wie er mehrfach betonte, zu den Raritäten der Themenlandschaft gehörten.

Zugleich hat er für die Akzeptanz der Disziplin „der kleinen Warenproduktion" in der Phil.-historischen Klasse der SAW geworben, was in einigen Fällen nicht einfach gewesen sei. Mit drei quellenbasierten Studien wurde der Nachweis erbracht, dass Forschungstradition und regionales Denken problemlos zu verknüpfen sind.[99] Zur Inangriffnahme eines Projekts zum „Sächsischen Handwerk" hat mich Karl Czok mehrfach ermuntert. Geblieben ist schließlich nur ein kleines Stück.[100]

Landesgeschichte

An einem Septembertag des Jahres 1985 – Karl Czok hatte mir im Juli jenes Jahres die 2. Auflage von „Das alte Leipzig" geschenkt und ich wollte ihm meine Faszination und meinen Dank übermitteln – jedenfalls saßen wir vor der „Sommerresidenz" der Familie Czok in Bahren. Ich hatte meine Freude über das Buch an den Mann gebracht und mich besonders angetan gezeigt, dass er in sozialer Hinsicht eine „Ganzheitsstudie" präsentieren konnte – von der Obrigkeit bis zum Tagelöhner. Er meinte, dazu zwingen einfach die Quellen und die materialistische Zugangsweise oder dieselbe und die Quellen. Wie du es eben sehen möchtest.

---

99 Karl Czok, Helmut Bräuer (Hg.): Studien zur älteren sächsischen Handwerksgeschichte. In: Sitzungsberichte der Sächsischen Akademie der Wissenschaften zu Leipzig. Philologisch-historische Klasse, Bd. 130, H. 6, Berlin 1990.

100 Helmut Bräuer: Handwerk im alten Chemnitz. Studien zur Sozial- und Wirtschaftsgeschichte des Chemnitzer Handwerks von den Anfängen bis zum Beginn der industriellen Revolution, Chemnitz 1992.

Und er wolle mir eines sagen, was er bislang immer erfolgreich unter der Decke gehalten habe: Er arbeite auch bei seinem neuen Stoff so, nur sei es da um ein paar Grad schwieriger, denn er wäre seit einigen Jahren bei August dem Starken gelandet. Da er sich selbst in vielen Dingen noch unsicher fühle und ein solches Thema so manchen „umwerfen" oder erschrecken würde, solle ich das momentan als „vertrauliche Botschaft" annehmen. Bisher wisse nur Reiner Groß davon. Im Staatsarchiv in Dresden würde es doch genügend Benutzeranträge geben, und „Arbeitspläne" sprechen sich immer rasch herum. Und noch einen Umstand sollst du wissen: Weil ich von diesem Verlag weiß, welches Gewicht er auf die Waage bringt, wenn es um Kultur geht, habe ich schließlich dort mein Ja-Wort gegeben. Denn es war eigentlich ein Anliegen des Verlages Koehler & Amelang gewesen, die in den 70er und 80er Jahren mein „Leipzig" gemacht haben, aber dann habe ihn der „August" und die Kultur immer intensiver gepackt. Und die Kulturfülle von Dresden sei ja letztlich so frappierend und habe ihn schon in jüngeren Jahren beeindruckt, dass man „drüberfallen" müsse. Und so sei das schließlich ein Buch-Thema geworden. Daran sitze er zwar mit gewisser Intensität, doch man werde noch eine Reihe Schippen Sand zu werfen haben.

Zu diesen „Schippen" gehörten vor allem die im Rahmen der Debatte um Erbe und Tradition versammelten konkreten Forschungsarbeiten. In welchem Umfang dabei Grundlagenarbeit geleistet werden musste, machte Karl Czok seinen Hörern in der Klassensitzung der Akademie im Sommer 1981 klar: Traditionen sächsischer Landesgeschichte.[101] Sein Vortrag zielte auf die „gesamte Geschichte des Landes", also auf alle Erbstücke, die guten und die misslungenen, auf die, die es zu pflegen galt und gilt sowie jene, mit denen man sich kritisch auseinandersetzen musste und muss, weil sie Fehlentwicklungen waren, die letztlich zu Kriegen und Katastrophen führ-

101 Czok, Über Traditionen sächsischer Landesgeschichte. Sitzungsberichte…, Berlin 1983, v. a. S. 7.

ten. Außerdem sei es erforderlich, Sachsen in seinen Realitäten und nicht über die Brille Preußens zu betrachten.

Im Frühjahr gab Karl Czok das Manuskript aus dem Haus und bereits ein Jahr später, 1987, gingen die ersten Exemplare über die Ladentafeln der Buchgeschäfte – zu einem „satten" Preis, aber in Ganzleinen, mit 286 (teils farbigen) Abbildungen und einem kompakten Text auf 295 Seiten. Ein vorzügliches Werk. Im Vorwort meinte der Autor zwar, er habe Probleme des geistigen Lebens, etwa den Einfluss der Aufklärung auf den Kurfürst/König liegenlassen müssen, aber die Gesellschaftssituation Sachsens vom Ausgang des 17. und der 1. Hälfte des 18. Jahrhunderts ist mit ihrer Kunst, ihren Kriegen, den wirtschaftlichen Prosperitäten, mit den Krisen und der Festivitätenkultur und der die Religiosität zur politischen Macht umwertenden Tour des Kurfürsten über Baden bei Wien nach Polen führenden Reise wie das „Elend der Namenlosen" vorzüglich getroffen.

Insofern muss man dem Waschzettel des Verlages eindeutig rechtgeben: es sei das Werk „keine Biographie im eigentlichen Sinne, wohl aber ein abgewogenes, realistisches Bild jenes vielfach überschätzten, vielfach geschmähten, bis zum heutigen Tag legendenumwobenen Wettiners".[102] 2020 hat die Staatliche Schlösserverwaltung im Schloss Moritzburg die Ausstellung „350 Jahr Mythos August der Starke" inszeniert und mit ihrem Untertitel „Geschichte. Macht. Ihr." das Problematische angezeigt: „Produzenten" und „Konsumenten" von Geschichte werden aufs Korn genommen, wobei zu großen Teilen die Geschichtskonsumenten zugleich die Weiter-Produzenten waren/sind.[103]

Kuriosa und Schandbarkeiten, Übergewichte, Schlüpfriges und Gewaltiges werden zu Eventualitäten, verdreifachen sich in und

102 Karl Czok: August der Starke und Kursachsen, Leipzig: Koehler & Amelang, 1987.

103 350 Jahre Mythos August der Starke. Geschichte. Macht. Ihr. Hg. v. André Thieme, Matthias Donath, Dresden-Königsbrück 2020.

durch die Erzählung, und man verkauft sie als das Einzige und Wahre zu flotten Preisen. Nicht nur als Sekt. So laufen die jämmerlichen und die hehren Historiengeschäfte in vielen Fällen. Und man sollte sich davor hüten, allein den oder die Kurfürsten vor den Spiegel zu stellen.

Auch die Bilanz Karl Czoks illustriert die Relativität von „Größe“ – sie demonstriert, wie es allein schon die Generalkonsumtionsakzise erkennen lässt, die Doppelgesichtigkeit von Herrschaftsplan und Herrschaftsrealität. Zwei Seiten einer Medaille.

Im Kapitel „Glanz und Elend“[104] reagierte Karl Czok einerseits auf die krassen Gegensätze zwischen Reichtum und Armut in den realen gesellschaftlichen Verhältnissen, er lässt aber andererseits auch deutlich werden, wie „hohl“ und auf sich selbst bezogen die satte und übermütige Hofgesellschaft war, dass sie wohl den Luxus demonstrieren, sich aber zugleich „der armen Leute“ bedienen musste, um sich selbst zu karikieren. Er gesteht ihr jedoch auch den Anteil zu, der ihr insbesondere an der kulturellen Entwicklung des Landes gebührt – v.a. Anreger und Mäzen zu sein.

Daher sei nochmals auf ein Phänomen verwiesen, das man seiner Generation zubilligen muss, wenn er schreibt:

> Es trugen unvergeßliche Jugenderlebnisse in Dresden bei, die damals Bewunderung des ‚Augusteischen Zeitalters‘ hervorriefen. In Schloß und Zwinger, im Großen Garten, in Pillnitz und der Moritzburg glaubte ich damals noch die Atmosphäre jener Zeit zu spüren. Um so mehr löste die im Februar 1945 grauenvoll zerstörte Stadt tiefe Trauer aus. Der Wiederaufbau begann Hoffnungen und Wünsche zu nähren, daß Dresden möglichst viel von der alten Schönheit wiedererhalten möge.[105]

Der Wiederaufbau des „Augusteischen Dresdens“, mag er politisch beurteilt werden, wie man es für nötig erachtet, war zugleich die

104 Czok, August, S. 207–229.
105 Ebd., S. 7.

Einlösung einer (humanen) Bringeschuld derjenigen, die nichts mit den Zerstörungen zu tun hatten, aber die die Leistungen der (verblichenen) realen Erbauer ehren und würdigen wollten. Und auch aus diesem Grunde wünschte sich Karl Czok „einen breiten Leserkreis".

Die abschließende bildliche Darstellung des Großen Marktes von Kupferstecher Joh[ann] Stridbeck d. J. (1665–1714) verweist nochmals mit aller Deutlichkeit auf den Sitz des Verlages und des Autors hin: Es ist ein Buch aus Leipzig für Dresden. Und es ist ein Buch voller Kunst in Dresden!

Das lesewillige Publikum griff rasch zu. Koehler & Amelang kam bis 1990 auf drei Auflagen, während der Münchner Beck-Verlag 1988 ins Geschäft einstieg. Dazu trugen auch mehrere Interviews mit dem Autor bei. So fragte man z. B. beim Sächsischen Tageblatt, wie lange der Autor an diesem Buch gearbeitet habe. Und Karl Czok antwortete:

> Die Arbeitszeit an meinem Buch „August der Starke und Kursachsen" läßt sich zeitlich kaum angeben, weil das Thema allmählich ‚gewachsen' ist. Während ich seit 1980 an dem Buch geschrieben habe, dessen Manuskript für die 1. Auflage im April 1986 abgeschlossen wurde, gehen die Vorarbeiten bis in die sechziger Jahre zurück.[106]

Und diese 1960er Jahre sollte man gut im Gedächtnis behalten.

Winfried Müller dagegen meinte 2008, indem er das Bündel „Programmatik und Positionierungsstrategie" sowie „zugespitzte Methodendiskussion" gegen den wissenschaftlichen Alltag mit „relativ konventioneller Forschungsweise" stellte: Während Karl Czoks „Görlitzer Thesen ideologisch hoch aufgeladen" seien, folge nun, „freilich in weitem zeitlichen Abstand" und nach der Diskussion über das Erbe, mit seinem

106 SAW-Archiv, Hist. Komm., Sächsisches Tageblatt v. 6. Juni 1989.

auf ein breites Publikum abzielendes Buch ‚August der Starke und Kursachsen' eine Darstellung, die mit der Akzentuierung des ‚Elends der Namenlosen' und der wirtschafts- und sozialgeschichtlichen Aspekte zentrale Forschungsfelder der Regionalgeschichte abbildet, indes auf ideologische und rhetorische Überfrachtung verzichtet.[107]

Dass es seit den 1960er Jahren Themen- und Forschungszeitraum-Verschiebungen gab, ist freilich eine richtige Beobachtung: Während in der BRD die Orientierungsmarke auf Verfassung, Verwaltung, Territorialisierung und Dynastie-Geschichte sowie Hochmittelalter lag, spielten in der DDR-Forschung Wirtschafts- und Sozialgeschichte sowie Spätmittelalter und frühe Neuzeit die entscheidende Rolle.[108]

Ein kulturgeschichtliches Seitenstück zu „August der Starke und Kursachsen" war für Karl Czok im gleichen Jahr „Am Hofe Augusts des Starken"[109] – ein Buch, das sich in die Reihe „Herrscher-Höfe-Hintergründe", die Manfred Kossok bei Edition Leipzig herauszugeben begonnen hatte,[110] gut einfügte und zugleich die Bereiche zwischen Repräsentation als Machtspiel und Herrschaftskonkurrenz bediente, allerdings dann aus Gründen der „Verlagsüberführung" nach Treuhand-Muster abbrach.

Eine dürftige Erwähnung der beiden August-Bücher Karl Czoks gibt es bei Matthias Donath, die dem großen Titel zur „Mythen-Aufarbeitung" rings um den Kurfürsten bedauerlicherweise nicht gerecht wird, weil andere Aufgaben zu erfüllen waren.[111]

107 Müller, Landes- und Regionalgeschichte, S. 126 f.

108 Ebd., S. 128.

109 Karl Czok: Am Hofe August des Starken, Leipzig 1989, 2. Aufl. 1990, zugl. Stuttgart 1990. Der Verlag hatte die Bildpräsentation vertrauensvoll in die Hände von Reiner Groß gelegt, der von Dresden aus die besten Kontakte zu den Aufbewahrungsstätten besaß; vgl. dessen Brief v. 10. 10. 23/20. 11. 23 an mich.

110 Manfred Kossok: Am Hofe Ludwig XIV., Leipzig 1989.

111 Matthias Donath: August der Starke in der Literatur. In: Mythos August der Starke, S. 109–125, v. a. S. 121 f.

In einer strikten Abgrenzung von der „bürgerlichen' Landesgeschichte, wurde schließlich an der Universität Leipzig [!] eine marxistische Regionalgeschichte konzipiert, die 1967 [!] ein ‚Jahrbuch für Regionalgeschichte' begründete und die in den 1980er Jahren von dem im Zuge der ‚Erbe-Diskussion' neu erwachten Interesse an der Geschichte der Länder profitierte. In diesem Kontext ist die von Karl Czok 1989 noch kurz vor der Friedlichen Revolution herausgegebene, in einzelnen Kapiteln stark ideologisch geprägte ‚Geschichte Sachsens' zu sehen – die einzige in der DDR entstandene landesgeschichtliche Gesamtdarstellung, die freilich im Jahre ihres Erscheinens gewissermaßen von der Geschichte überholt wurde."[112] So jedenfalls sieht es Winfried Müller, ohne freilich zu erklären, wie das zu verstehen ist, dass „Ereignisse" ein „Buch" überholen können – es sei denn, er meint den „politischen Zweck des Buches" oder wird dadurch die „Leipziger Teilung" von 1485 in Frage gestellt?

Also ist es nötig, den Versuch zu unternehmen, die Genesis der „Geschichte Sachsens" darzustellen: Reiner Groß schreibt in der offiziellen Publikation der Historischen Kommission der SAW:

> In der Frühjahrssitzung 1981 wurde von Karl Czok eine neue Gesamtdarstellung der sächsischen Geschichte angeregt, da seit 1935 ‚das Thema nie mehr im Zusammenhang behandelt worden' sei. Das Protokoll vermerkt: ‚Die Mitglieder stimmen dem Vorhaben einer sächsischen Geschichte als Monographie zu und ermächtigen Herrn Czok, eine Konzeption auszuarbeiten …[113]

In seinem bereits zitierten Brief vom 10.10.23/20.11.23 betont Reiner Groß diesen Fakt nochmals und vermerkt,

> es fand dies eine ungeteilte und lebhaft geäußerte Zustimmung bei nahezu allen Mitgliedern […] Bald waren die Autoren ge-

112 Winfried Müller: Der Neubeginn der sächsischen Landesgeschichte nach 1990. In: SächsHbll. 61 (2015) 4, S. 422–424, hier S. 423.

113 Groß, Möglichkeiten und Grenzen, S. 110 f.

> wonnen, wobei nicht alle Angesprochenen zustimmten. Mehrfache Bemühungen von Werner Coblenz und Karl Czok, auch Karlheinz Blaschke als einen der Autoren zu gewinnen, blieben ergebnislos [...].

Selbst die Bemühungen, seine Mitarbeit bei den Karten zu erreichen, scheiterten.[114]

Da es in der Sitzung der Historischen Kommission am 10. November 1989, also geraume Zeit später, einen heftigen Streit darüber gab, wer der Initiator des inzwischen erschienenen Werkes war – Karl Czok oder die Kommission – habe ich mich bei meinem Archivbesuch am 30. November 2023 darauf konzentriert, das Protokoll von jener Frühjahrsitzung (27. März 1981, TOP 6.1) einzusehen, zumal die Wellen der Debatte in der Herbstsitzung des gleichen Jahres (1981) erneut hochgegangen waren, so dass der beherrschte und ausgeglichene Universitätsbibliothekar Dietmar Debes (1925–1999) auf „Entschärfung" drängen musste.[115] Für ein Gelehrtengremium eigentlich eine eher peinliche Situation!

Meine Suche nach dem Protokoll der Frühjahrssitzung 1981 war jedoch ... vergeblich. Allein das folgende Protokoll, das der Herbstsitzung, war auffindbar [!!!]:

Anwesend waren die Akademiemitglieder Coblenz, Czok, Eichler, Forberger, Große, Lehmann, Markov, Wollgast und die HK-Mitglieder Blaschke, Debes, Eberhard, Mrusek, Schlechte, Steinmetz, Unger und Walther. Unter Punkt 4 lautet der Text:

> Herr Czok berichtet über seine Vorarbeiten zu einer Darstellung der sächsischen Geschichte. Der Plan wurde in der letzten Sitzung der Historischen Kommission besprochen. Die Mitglieder hatten Herrn Czok beauftragt, eine Konzeption zu entwerfen und Autoren zu gewinnen (vgl. Prot. v. 27. 3. 1981, Punkt 6.1). Die

114 Groß, Brief, Bl. 2 und 3.

115 Archiv der SAW, Hist. Kommission, Sitzungen 1981–1989, Protokoll v. 10. November 1989. Herzlichen Dank an Archivar Rüdiger Otto.

> erste Fassung der Konzeption liegt vor. Herr Czok begründet das Unternehmen mit der Bedeutung Sachsens als Territorialstaat, der zeitweise die deutsche Geschichte mit geprägt hat.

Die Epochen wurden fixiert, Autoren benannt und eine Redaktionsgruppe bestimmt, die aus Karl Czok, Reiner Groß und Manfred Unger bestehen sollte. Vorgesehen waren: 500 Seiten Manuskriptumfang, Abgabe an den Verlag Böhlaus Nachf. Weimar, Erscheinen: 1986.[116] Das Manuskript, schreibt Reiner Groß, habe pünktlich 1986 beim Verlag auf dem Tisch gelegen, auch wenn ein von der Kritik später hochgelobtes Kapitel zum großen Teil von Karl Czok geschrieben werden musste, um das Gesamtprojekt nicht zu gefährden, weil der „eigentlich" beauftragte Autor mit den vereinbarten Terminen reichlich locker umgegangen sei.

Dass Karl Czok im Zusammenhang mit diesem Werk einen außergewöhnlich hohen Arbeitsanteil zu bewältigen hatte, geht aus einem Umstand hervor, der mir zwischen 1981 und seiner Emeritierung nur ein einziges Mal begegnete: Er bat wegen der Arbeitsbelastung am Manuskript zur „Sächsischen Geschichte" am 8. Juli 1983 um Lehr-Freistellung für das Herbstsemester, allerdings bis auf das Oberseminar.[117] Auch bei der Drucklegung seien massive Schwierigkeiten zu überwinden gewesen. Karl „Czok war es wohl, der über Hans Modrow und den Leipziger SED-Bezirkssekretär das notwendige Papierkontingent beschaffte". Rechtsanwalt Roland Wötzel, mit dem Karl Czok mehrfach über Papierprobleme gesprochen habe, hat mir das in einem sehr ausführlichen Telefonat am 17. Januar 2024 bestätigt. Die Realisierung ist offenbar über einen Kontingent-Überhang eines anderen Verlages erfolgt.

Über die Schwächen, bestimmte Einseitigkeiten und manche Überspitzungen in den Textteilen nach 1871 sei man sich in der Redaktion durchaus klar gewesen und habe auch „Mängelbeseitigung" angestrebt, schließlich aber doch der Drucklegung Priorität

116 Ebd., Hist. Kommission, Sitzungen 1981–84, Protokoll v. 11. Dezember 1981.

117 UAL, PA 3459, Bl. 78 ff. Lehrbelastung zwischen 1982/83 und 1985/86.

eingeräumt.[118] Verständlich war es auch, dass die „eigentliche Kritik“ nach 1990 einsetzte, während man im Jahrzehnt vorher Text-Mitarbeit und Kartenredaktion abgelehnt hatte. Schließlich waren nun die gesellschaftlichen Bedingungen anders geworden.

Ein Beispiel: Ulrich Rosseaux (*1968); Studium der Geschichte, Mathematik und Erziehungswissenschaften Uni Bonn, Promotion 2000 Uni Bonn, Anfang der 2000er Jahre an der TU Dresden angestellt, ordnet, im Rahmen der Rezension einer sächsischen Landesgeschichte von Katrin Keller (*1962),[119] Karl Czoks „Sachsen“ als „Produkt der späten DDR“ ein, das „unter ideologischen Verzerrungen leidet und insbesondere in den Abschnitten zur Geschichte des 19. und 20. Jahrhunderts die Grenze zur nackten Geschichtsklitterung mehr als nur streift“.[120] Ob das für Gotthard Lerchner (1935–2016), Präsident der Sächsischen Akademie der Wissenschaften zu Leipzig von 1993 bis 2003, eine Bestätigung seines Urteils gewesen wäre, als er 1996 an Karl Czok schrieb, dass es sein, also Czoks, Verdienst sei, dass „Sie es unternommen haben, die erste marxistische deutsche Landesgeschichte für den sächsischen Raum als Herausgeber und Mitverfasser“ verantwortet zu haben?[121] Man muss Reiner Groß – letztlich auch zur Entlastung von Karl Czok – zustimmen, wenn er im offiziellen Text der Historischen Kommission darauf insistiert, dass niemand die „absolute Wahrheit“ für sich in Anspruch nehmen kann, aber

> daß es gut war und gut ist, wenn es zu den geschichtlichen Abläufen unterschiedliche Ansichten und auch Einsichten gibt. Die Historische Kommission, die den Prozeß der Ausarbeitung dieser

118 Groß, Brief v. 10. 10. 23/20. 11. 23, Bl. 3 und 4.

119 Katrin Keller: Landesgeschichte Sachsen, Stuttgart 2002.

120 Vgl. Ulrich Rosseaux, in: Sehepunkte 4 (2004) Nr. 2. https://www.sehepunkte.de/2004/02/1991.html [Zugriff: November 2023].

121 SAW, Archiv, Czok, Karl, Zuwahl 25. März 1977, Brief Gotthard Lerchners v. 12. März 1996.

> Gesamtdarstellung sächsischer Geschichte kritisch begleitet hat, braucht sich ihrer nicht zu schämen.[122]

Und wenn er im bereits genannten Brief meint, dass mit dem Herbst 1989 „alles vorher Geschaffene […] im negativen Licht erschien," so ist das mehr als nur Resignation nach jahrelanger Arbeit. Das habe Karl Czok „als den Urheber dieses Projekts sehr weh getan, wie die nachfolgenden Sitzungen der Historischen Kommission immer wieder zeigten". Aber letztlich waren auch die beiden anderen Redaktionsverantwortlichen, Reiner Groß und Manfred Unger, davon betroffen, die „in gleicher Weise mit unsachlichen Äußerungen belegt" worden seien.[123]

Zum Zeitpunkt der Auslieferung der „Geschichte Sachsens" erschien im „Jahrbuch für Regionalgeschichte" – mit dem Redaktionsschluss 30. September 1987 – ein ungezeichneter Spitzenbeitrag, der auf die bevorstehende Herausgabe der „Geschichte Sachsens" hinwies. Er trägt die Handschrift von Karl Czok, ist möglicherweise redaktionell debattiert und abgestimmt worden, macht aber auf das Anliegen der ersten Landesgeschichte Sachsens nach 1945 aufmerksam.

Der Beitrag geht davon aus, dass die sächsische wie die brandenburgische oder bayerische Geschichte zur deutschen Vergangenheit gehört, also „Erbe" ist und – ob man will oder nicht – kritisch aufgenommen und gepflegt werden muss, verweist auf die besonderen Leistungen, die in Sachsen vollbracht wurden, unterstreicht aber auch die Forschungslücken und enthält auf diese Weise neben seiner informierend-ankündigenden Funktion eine perspektivische Orientierung.[124]

---

122 Groß, Möglichkeiten und Grenzen, S. 111.

123 Groß, Brief vom 10.10.23/20.11.23, Bl. 3.

124 Zum Erscheinen der Geschichte Sachsens. In: JbfRegG 16/1, Weimar 1989, S. 12–16.

Bildteil

Kennort: Görlitz
Kennnummer: A 11008
Gültig bis 19. August 1947
Name: Czok
Vornamen
Geburtstag: 12. März 1926
Geburtsort: Görlitz
Beruf
Unveränderliche Kennzeichen
Veränderliche Kennzeichen
Bemerkungen: keine
Rechter Zei[gefinger]
Linker Zeigefinger
Karl Czok
(Unterschrift des Kennkarteninhabers)
Görlitz, den 19. August 1942
Der Oberbürgermeister als Ortspolizeibehörde
(Ausfertigende Behörde)
Dienststempel
(Unterschrift des ausfertigenden Beamten)

Ausweis Karl Czok, ausgestellt im August 1942

I. München, 30. Okt. 45

Liebe Muttel u. Brigitte!

Endlich nach langer Zeit ist mir wieder die Gelegenheit gegeben an Euch zu schreiben. Ich war hocherfreut als ich heute morgen erfuhr, daß man auch in das russisch besetzte Gebiet schreiben darf. Du kannst Dir nicht vorstellen was ich mir in den vergangenen Monaten für Sorgen um Dich und Gitkel gemacht habe. Wie geht es Euch? Hoffentlich habt Ihr das Kriegsende gut überstanden. Hoffentlich ist zu Haus noch alles in bester Ordnung. Ist denn unsere Stadt zerstört? Leider habe ich noch nicht viel von Görlitz hören können.

Handschriftlicher Brief Karl Czoks an seine Mutter und seine Schwester vom 30. Oktober 1945

Ich bin ja erst kurze Zeit Zivilist. Anfang Oktober wurde ich vom Engländer entlassen. Hast Du denn vom Vati schon etwas gehört, oder ist er gar schon zu Haus? Wenn Du mir nur die Fragen alle beantworten könntest die ich jetzt stellen möchte. Ich glaube dann müßtest Du den längsten Brief Deines Lebens schreiben. Ja, liebe Mütel es war und ist ja noch, so lange ich keine Antwort auf diese Zeilen habe, eine furchtbare Zeit für mich. Ich hoffe von ganzem Herzen diese Weihnacht bei Euch zu Haus feiern zu können.

Nun will ich Dir kurz von mir berichten. Im Februar kam ich zur

Infantrie und zwar kämpften
wir im Raum Danzig. Schon
im März würde ich dürch Granat-
werferfeüer schwer verwündet. 28 Split
ter in beide Beine ünd in das
Gesäß, so würde ich in das Lazar
ret nach Dänemark gebracht. 5
Monate lag ich im Bett ünd
dann ging es bergaüf. Jetzt fühle ich mich schon wieder ganz
wohl. Das Laüfen macht mir
z. Zt. noch Beschwerden.
Nach meiner Entlassüng ging
ich nach München wo ich aüch
Arbeit habe. Es geht mir güt wenn
mir aüch das Leben mit den
Karten ünd mit der kaüm
aüsreichenden Bekleidüng nicht

II.

gerade leicht fällt. Du kannst
jedenfalls beruhigt sein, zerrissen
und unordentlich laufe ich nicht
herum. Meine Wäsche wasche ich
mir selbst, die Socken stopfe ich,
auch sogar eine Bügelfalte befindet sich in der Hose die im
Bett über Nacht entsteht. Gottseidank
habe ich ein schönes Zimmer, ich
wohne in einem Heim in dem
alles junge Männer in meinem
Alter untergebracht sind. Jeder hat
sein Zimmer für sich sogar mit
fließendem Wasser. Es ist also kein
Grund vorhanden, daß Du Dich um
mich sorgst. Geldlich geht es
mir natürlich nicht gerade zum
Besten, da die Selbstversorgung im

Anfang noch ein bischen Schwirig-
keiten macht. 150 Rm verdiene ich
im Monat, 23 Rm Miete kostet
das Zimmer und die Selbstbeköstigung
ist ein teueres Kapitel in
meinem Dasein. Aber trotzdem
lebe ich gut wenn es auch mal
nicht so geht wie es eigentlich sollte.
Nun die wichtigste Frage: Wie geht
es meiner kleinen Gittel. Die
herzlichsten Grüße an Sie. Hoffent-
sehe ich Sie bald wieder. Ist Sie
gesund?
Liebe Muttel! Sollte zu Haus
alles in Ordnung sein kann ich
dann nach Haus kommen
oder soll ich noch warten? Schreibe
mir bitte recht bald und recht
viel.

Nun will ich meine
Zeilen beenden und hoffe
daß Sie Euch bei besten
Verhältnissen antreffen.

Mit den herzlichsten
Grüßen und Küssen
an Dich liebe Muttel
und meine liebe Kleine
Gittel verbleibe ich Euer
Euch stets liebender

Karl.

An alle anderen Verwandten
schreibe ich ebenfalls.

Nochmals Gruß Karl

Mutter Maria Czok, Schwester Brigitte und Karl Czok.
Aufnahme um 1948

Die Philosophische Fakultät
der Karl-Marx-Universität Leipzig

verleiht unter dem Rektorat des Professors mit Lehrstuhl für Volkswirtschaftslehre
Dr. rer. pol. Dr. h. c. Dr. h. c. Georg Mayer

und unter dem Dekanat des Professors mit Lehrstuhl für Deutsche Geschichte
Dr. phil. Max Steinmetz

Herrn

Dr. phil. Karl Czok

aus Görlitz

den akademischen Grad eines Dr. phil. habil.

nachdem er das ordnungsgemäße Habilitationsverfahren durch die Habilitationsschrift

Städtische Volksbewegungen im deutschen Spätmittelalter –
Ein Beitrag zu den Bürgerkämpfen und innerstädtischen
Bewegungen während der frühbürgerlichen Revolution

sowie durch das wissenschaftliche Kolloquium, den öffentlichen Probevortrag und
die öffentliche Verteidigung seiner Habilitationsschrift abgeschlossen hat.

Leipzig, den 9. Oktober 1963

Der Rektor
der Karl-Marx-Universität

Der Dekan
der Philosophischen Fakultät

III 18 210 Lp G 772/63

Habilitationsurkunde Karl Czok, ausgestellt am 9. Oktober 1963

Gratulation für einen hochgeschätzten Kollegen – Glückwunsch für Walter Markov zu dessen 75. Geburtstag am 5. Oktober 1984

Universitärer Arbeitsalltag: Karl Czok in einer Vorlesung – Aufnahme aus den achtziger Jahren

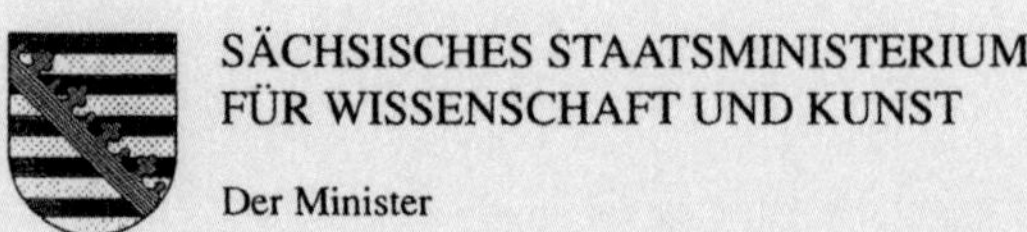

SÄCHSISCHES STAATSMINISTERIUM
FÜR WISSENSCHAFT UND KUNST

Der Minister

Herrn Professor
Dr. Karl Czok
Theodor-Neubauer-Str. 21

O - 7050 Leipzig

Dresden, den 13. 5. 92
AZ: 3-7712.14-01/2 Bi/Or

Sehr geehrter Herr Kollege,

gemäß § 48 Abs. 2 Satz 2 des Sächsischen Hochschulerneuerungsgesetzes (SächsHEG) beauftrage ich Sie mit der Wahrnehmung eines Professorenamtes neuen Rechts. Damit ist die Möglichkeit zur Mitwirkung in Verfahren zur Berufung von Hochschullehrern verbunden.

Mit freundlichen Grüßen
In Vertretung des
Staatsministers

Noack
Staatssekretär

Postanschrift Archivstraße 1 O-8060 Dresden — Fernsprecher (00 51) 59 82-0 — Telefax (0051) 5 37 35 (0051) 5 17 32

Urkunde über die Wahrnehmung des Professorenamtes neuen Rechts für Karl Czok vom 13. Mai 1992

Im privaten Arbeitszimmer – Aufnahme um 1985

Im Austausch mit Prof. Dr. Siegfried Hoyer – Aufnahme aus dem Jahr 1998

Feierstunde und Übergabe der Festschrift „Die Stadt als Kommunikationsraum“ anlässlich des 75. Geburtstages von Karl Czok im Jahr 2001
oben links: im Gespräch mit Manfred Unger und Werner Bramke
oben rechts: Gratulation von Hartmut Zwahr und Lothar Kreiser
untere Bilder: Helmut Bräuer (links) und Gerald Diesener (rechts) überreichen die Festschrift

Festmenü

anläßlich des

75.Geburtstages

von

Prof. Karl Czok

Zur Einstimmung:

1 Glas Rotkäppchen, trocken

Vorspeisenteller "Apels Garten"

*

Süppchen von Müllers Walnußbaum

*

Schlemmerei vom Fleisch und Fisch

- Wildschweinbraten aus dem Colditzer Forst, gefülltes Schweinsfilet, Lachs und Heilbuttfilet -

Apfelrotkohl und Rosenkohl, mit frischem Marktgemüse und Kartoffelvariationen

*

Überraschungsdessert

Leipzig, den 12.März 2001

Das Festmenü zum Feiertag

Der Wissenschaftliche Rat
der Karl-Marx-Universität Leipzig

verleiht unter dem Rektorat des o. Professors für Agrarökonomie
Dr. agr. habil. Gerhard Winkler

und unter dem Dekanat des o. Professors für Volkswirtschaftslehre
Dr. rer. oec. habil. Eva Müller

dem marxistisch-leninistischen Geschichtswissenschaftler

Rudolf Strauß

Träger der Leibniz-Medaille der Deutschen Akademie der Wissenschaften

in Würdigung seiner hervorragenden wissenschaftlichen Gesamtleistung in der Erforschung der Geschichte der deutschen Arbeiterbewegung, insbesondere seiner wegweisenden Veröffentlichungen zur Geschichte der Lage und Bewegung der Arbeiter von Chemnitz/Karl-Marx-Stadt;

wegen seiner Pionierleistungen in der marxistisch-leninistischen Regionalgeschichtsforschung der Deutschen Demokratischen Republik, als Herausgeber und Autor vieler Bände der „Beiträge zur Heimatgeschichte von Karl-Marx-Stadt";

auf Grund seiner vorbildlichen, die marxistische Geschichtswissenschaft fördernden Tätigkeit als Leiter des Stadtarchivs Karl-Marx-Stadt sowie seiner vielseitigen Wirkung als Publizist und Propagandist der Geschichte der örtlichen Arbeiterbewegung, in der er stets Forschung, Lehre und Geschichtspropaganda als eine Einheit betrachtete,

die Würde eines Ehrendoktors der Philosophie.

Leipzig, den 28. August 1970

Der Rektor
Prof. Dr. habil. G. Winkler

Der Dekan
Prof. Dr. habil. E. Müller

Urkunde über die Verleihung der Ehrendoktor-Würde an Rudolph Strauß – ausgestellt am 28. August 1970

Die Bücherschenkung an die TU Chemnitz – Blick in den Bereitstellungsraum

Leipzig während des Dreißigjährigen Krieg

Der Führnehmen vnd Weitberumb
Verfertiget. Vnd Ins Küpffer Gebracht
Anno 1615.
H gros iunior Exc:
O. Pauliner Colegium.
P. Peters Kirch.
Q. Peters Thor
R. Peters Colegium
S. Rathaus.
T. Bürck Keller
X. S. Niclas Kirch.
Y. Gewand haus.
4. Thomaser schül.

Das Ehepaar Charlotte und Karl Czok – Aufnahme aus dem Jahr 2003

Das langjährige Wohnhaus der Familie Czok – Leipzig, Theodor-Neubauer-Str. 21, Aufnahme aus dem Jahr 2023

III Exkurse

Exkurs I

Bücherstiftung(en)

Privat-Bibliotheken – besser: persönliche Buchbestände – pflegen von Jahr zu Jahr zu wachsen. In einigen Berufszweigen hält sich dieser Prozess in Grenzen. Bei Wissenschaftlern ist das nicht der Fall. Neben die Kauf- und Geschenkexemplare treten gewöhnlich jene Stücke, die zur Rezension übersandt werden. Und dazu rückt noch die eigene Produktion. Allerdings wird man für die nächste Zukunft mit den Folgen der Digitalisierung zu rechnen haben. Sie zeichnen und zeigen bereits jetzt ihre Konturen. Digitalisate sorgen für einen reduzierten Wachstumsbedarf an laufenden Regalmetern, vereinfachen und beschleunigen den Zugriff zu den Informationen etc., aber sie verbannen auch Kulturwerte aus dem Haus. Außerdem versachlichen sie das „innere Empfinden" für ein Buch oder den „Geist des Objekts". Und außerdem drängt sich mir eine Frage auf, die bislang kaum ernsthaft gestellt wurde: Werden wir tatsächlich mit den Digitalisaten so umgehen lernen, dass sie sich als nützlich erweisen oder wird der zur Verfügung stehende Zeitfonds des Einzelnen von der „Trainingszeit" zum Erlernen der Handhabung der technischen Mittel aufgefressen, wodurch sich das Potenzial für kreatives Tun automatisch reduziert?

Für Karl Czok waren all diese Umstände zunächst noch irrelevant. Nach seinen persönlichen Angaben in einem Brief an den Ersten Stellvertreter des Oberbürgermeisters von Leipzig umfasste die Bibliothek um 1980 ca. 7.000 bis 8.000 Bände, die er für seine Forschungs- und Lehrtätigkeit benötige und die jetzt in sämtlichen Räumen seiner „Vier-Zimmerwohnung (auch im Schlafzimmer und auf dem Boden) untergebracht" seien.[1] Man mag über die an-

1 Universitätsarchiv Leipzig [UAL], PA 3459, Karl Czok, Bl. 70.

geführte Dimension gewisse Skepsis walten lassen, doch kann ich persönlich eine erhebliche Größe des Bücherbestandes bestätigen.

Ursachen, Motive, Erwägungen oder Zwänge für eine Bücherstiftung Karl Czoks bleiben momentan im Dunkel der Vermutungen oder Spekulationen, da es hierzu keine schriftliche Überlieferung gibt, wahrscheinlich also die Aktion auf mündliche Vereinbarungen zurückgeht.

Allein die folgende Quelle bietet eine brauchbare Auskunft: Der Dekan der Philosophischen Fakultät der TU Chemnitz, Günther Grünthal (*1938), schrieb an Karl Czok am 14. Dezember 1995:

> Ich bin von der Professur für Regionalgeschichte Sachsens, Herrn Kollegen Groß, darüber unterrichtet worden, daß Sie den größten Teil ihrer in über vierzig Jahren wissenschaftlicher Tätigkeit vor allem im Dienste der Landesgeschichte gewachsenen privaten Bibliothek unserer Universität, und speziell der regionalgeschichtlichen Professur, kostenlos überlassen haben.

Es folgten die Dankesbekundung von Lehrkörper und Studenten und, was nicht unwichtig ist, Karl Czok möge die „verehrte Frau Gemahlin" grüßen, „die – wie ich hörte – unsere Studenten so fürsorgend betreut hat …,"[2] im Klartext: jene Studenten, die also beim Transport der Bücher von Leipzig nach Chemnitz beteiligt waren. Die Stiftung muss demnach 1995 oder vor 1995 erfolgt sein.

Auf meinen Nachfragebrief an Günther Grünthal vom 14. November 2023 schrieb mir Juliane Grünthal am 19. Januar 2024 per

2 B. C., Schreiben des Dekans an Karl Czok v. 14. Dezember 1995. – Dieses Dankschreiben ist aus unerfindlichen Gründen erst im Frühjahr des Folgejahres nach Leipzig gelangt, denn Reiner Groß schreibt an Karl Czok: „Wir haben alle nochmals ‚Kriminalist' gespielt, das Dekanat und meine Sekretärin – der Brief ist unter dem 14. 12. 95 ordentlich ausgefertigt worden und als Ausgang in unseren Köpfen auch registriert worden, aber wir können uns nicht erklären, wo der Brief auf dem Weg zu Dir hängengeblieben ist." Vgl. B. C., Brief v. Reiner Groß an Karl Czok v. 19. April 1996.

Mail, ihr Vater sei aus gesundheitlichen Gründen nicht mehr in der Lage, etwas zur Klärung der Umstände des Zustandekommens der Stiftung beizutragen.

Die Bestände sind über die damalige Professur Regionalgeschichte, also Reiner Groß, im Jahr 2000 an die TU Chemnitz gekommen und in den Kellerräumen des TU-Gebäudes Reichenhainer Straße 39 untergebracht gewesen. Renate Wißuwa, die damalige Sekretärin von Reiner Groß, teilte mir im Dezember 2023 mit, sie habe mit Studenten die Bücher in Leipzig abgeholt, „es könnte um 1996/97 gewesen sein". Dann seien sie zum Gebrauch der Studenten aufgestellt worden. Um 2000 habe Frau Wißuwa den Wechsel ins Rektorat vollzogen.[3] 2006/07 sind offenbar, vor allem von studentischen Hilfskräften, weitere Sichtungs- und grobe Ordnungsarbeiten vorgenommen worden. Später, im Jahr 2010, habe die Universitätsbibliothek bei der Professur Groß angefragt, ob die Bestände „zur weiteren Erschließung und ggf. auch für bestandserhaltende Maßnahmen der Universitätsbibliothek zur Verfügung gestellt werden" könnten. Dem sei zugestimmt worden.

Damit waren die Bücher von Karl Czok 2011 „in den damaligen Räumen der Bibliothek" benutzbar: 1900 Publikationen und 40 Zeitschriftentitel. Es ist eine den Geist des Stifters wertschätzende und würdige Freihand-Aufstellung.[4] Die Bücher wurden mit den Beständen der „Stiftung Land Sachsen" und weiteren Zugängen aus dem Geschichtsverein Chemnitz, die auf Gert Richters (1933–2015) Sicherungs-Initiativen zurückgehen,[5] zur „Regionalgeschichtlichen Sammlung" zusammengefügt. Seit 2020 steht die Bibliothek Czok als separater Teil innerhalb dieser Sammlung im neuen Gebäude der

3 Mail vom 12. Dezember 2023 an mich. Ich danke Renate Wißuwa für ihre Nachricht herzlich.

4 Ich habe hier Direktorin Angela Malz und dem Stellvertretenden Direktor Wolfgang Lambrecht für Führung und Gespräch am 14. November 2023 sehr herzlich zu danken. Stephan Luthers dankenswerte Archivrecherchen liefen leider ins Leere.

5 Mario Steinebach: „Regionalgeschichtliche Sammlung" wurde eröffnet. In: TUCaktuell v. 30.09.2011.

Bibliothek der TU Chemnitz, Straße der Nationen 33, den Studierenden und der Öffentlichkeit zur Verfügung.

Der folgende Link ermöglicht auch die Information vor dem unmittelbaren Bibliotheksbesuch: https://katalog.bibliothek.tu-chemnitz.de/Search/Results?lookfor=Czok&type=Signatur&limit=20

Von den 2.117 Medieneinheiten entfallen 720 auf das Fachgebiet Geschichte resp. 360 auf sächsische Geschichte. Man erhält also rasch Zugriff auf den Band „Geschichtsbewusstsein und Geschichtsschreibung des städtischen Bürgertums“ (1981) der hochgelehrten Edith Ennen oder auf die „Mittelschichten in deutschen Städten des Mittelalters“ (1972) des scharfsinnigen Erich Maschke bzw. Walter Elligers anregendes Müntzerbuch von 1976 oder Walter Markovs Grand Empire: Sitten und Unsitten der Napoleonzeit (1984).

Werke des Linzer Wilhelm Rausch, des Erlanger Rudolf Endres, des Münsteraner Wilfried Ehbrecht oder des Leipziger Ernst Werner wie des Greifswalder Hanseforschers Konrad Fritze können problemlos aus dem Regal genommen und benutzt werden – vorausgesetzt, man stellt sie wieder ordnungsgemäß ein.

Selbst „Perlen“, nach denen jede größere Bibliothek tief in die Taschen greifen würde, wenn sie das Stück nur erhalten könnte, befinden sich im Bestand – etwa „Wie versorgt eine kleinere Stadt am besten seine Armen und steuert der Bettelei?“ von Friedrich Justin v. Bertuch aus dem Jahre 1782 – hier freilich als Nachdruck von 1978.

Eines aber sollte die oder der Lesende bedenken: Jedes Buch der Stiftung hat nicht nur eine Entstehungsgeschichte vom Manuskript über den Druck bis zu Vergabe oder Kauf, sondern auch eine Geschichte der persönlichen Beziehungen, der eigenen Arbeit des Stifters mit dem Objekt und den individuellen Empfindungen mit dem Werk der anderen Person, und oft fällt es dem Stifter nicht leicht, das Stück aus der Hand zu geben, weil manches Buch mit besonderen Erlebnissen, Begegnungen, Episoden oder Verehrungen verknüpft ist, die nicht als Etikett auf dem Buchdeckel kleben.

Nur eine „Glaubensfrage“?

Eine zweite Stiftung von Publikationen hat Karl Czok im Rahmen seines Nachlasses 2008 (gesperrt bis 2038) beim Stadtarchiv Leipzig eingerichtet, deren Hauptteil von 1.700 Bibliothekseinheiten bereits aktuell zur Verfügung steht. Der Bestand ist unter der Signatur 2.4.3.31 Sammlung Karl Czok am Arbeitsplatz im Stadtarchiv, Straße des 18. Oktober 42, 04103 Leipzig, einzusehen. Die Titel der Einzelwerke sind über eine systematische Gliederung aufrufbar, die u. a. Biografien, SAW-Abhandlungen, Städteforschung, Regionalgeschichte, Tagungen enthält.[6] U. a. befindet sich das gesamte Jahrbuch für Regionalgeschichte ab Bd. I (1965) in der Sammlung bzw. im Haus.[7]

Exkurs II

Ehrendoktorwürde der Karl-Marx-Universität Leipzig für Rudolph Strauß (1904–1987)

Frankenberger Lehrerseminar zwischen 1918 und 1925, bis 1947 Lehrer an Volks- und Hilfsschulen in Chemnitz, wegen Gehörschwäche Berufswechsel und von 1947 bis 1971 Stadtarchivdirektor beim Rat der Stadt Chemnitz/Karl-Marx-Stadt.

Das waren die wesentlichen Lebensstationen von Rudolph Strauß, die Gabriele Viertel (*1951) in einfühlsamer und gewissenhafter Weise beschrieb.[8] In diesen Jahren hat er sich auf lokalhistorischem und archivorganisatorischem Gebiet durch eigene Arbeiten und oftmaliges energisches Auftreten gegen wissenschafts- und

6 Vgl. Übersicht über die Bestände des Stadtarchivs Leipzig, Stand Oktober 2017.

7 Der Archivarin Marlen Schnurr danke ich für ihre freundliche Einführung in die Sammlung am 21. November 2023.

8 Gabriele Viertel: Zum Wirken von Dr. h. c. Rudolph Strauß als Stadtarchivar (1947–1971). In: Beiträge zur Heimatgeschichte von Karl-Marx-Stadt 27 (1984), S. 87–94. Gabriele Viertel: Strauß, Rudolph. In: Sächsische Biografie, hg. vom Institut für Sächsische Geschichte und Volkskunde e. V. Online-Ausgabe: http://www.isgv.de/saebi [Zugriff v. 5. 11. 2023]. Dort auch weitere biografische Literatur.

stadtfremde Maßnahmen des Rates der Stadt ebenso ausgezeichnet wie im Bereich der Förderung regionalgeschichtlicher Abhandlungen anderer Autoren. Unter schwierigen Bedingungen wurde z. B. 1952 die Publikationsreihe „Beiträge zur Heimatgeschichte von Chemnitz (ab 1953: Karl-Marx-Stadt)" geschaffen, die er bis zum Ausscheiden aus dem Dienst (H. 18) 1971 betreute.

Karl Czok schätzte den Stadtarchivar wegen seiner vielfachen, stets quellengestützten Arbeiten – natürlich auch im Zusammenhang mit seinen sozialgeschichtlichen Abhandlungen zur Arbeiterklasse. Das waren einmal die bereits 1952 herausgegebenen „Quellen zur Lage der Arbeiter in der ersten Hälfte des 19. Jahrhunderts",[9] die schier unglaubliche Sammlung von rund 100 Druckseiten und zig-Tausenden von Lohn- und Preisangaben für Nahrungs- und Haushaltsmittel in Chemnitz zwischen 1770 und 1850,[10] die in den 1960er Jahren erschienene Studie „Die Lebensverhältnisse der Arbeiter am Ort gegen Ende des 19. Jahrhunderts"[11] und zum anderen die großartigste Sozialanalyse jener Zeit, die die Chemnitzer Arbeiter betraf: „Die Lage und Bewegung der Chemnitzer Arbeiter in der ersten Hälfte des 19. Jahrhunderts" (Berlin 1960)[12], ein wahrlich fabelhaftes sozial- und alltagsgeschichtliches Buch über die unters-

9 Quellen zur Lage der Chemnitzer Arbeiter in der ersten Hälfte des 19. Jahrhunderts, ausgewählt und eingeleitet von Rudolph Strauß. In: Beiträge zur Heimatgeschichte von Chemnitz, H. 1, Chemnitz 1952.

10 Rudolph Strauß: Löhne sowie Brot- und Kartoffelpreise [dazu Getreide, Bier, Seifen, Lichte, Fleisch, Käse, Eier, Butter]. In: Jb. für Wirtschaftsgeschichte 1962, T. IV, ebd., 1963, T. I, ebd., 1963, T. II, ebd., 1963, T. III, ebd., 1963, T. IV, ebd., 1964, T. I, ebd., 1964, T. IV, ebd., 1965, T. I.

11 Rudolph Strauß: Die Lebensverhältnisse der Chemnitzer Arbeiter gegen Ende des 19. Jahrhunderts. Quellenstücke mit 17 zeitgenössischen Abbildungen. In: Beiträge zur Heimatgeschichte von Karl-Marx-Stadt, H. 15, Karl-Marx-Stadt 1967, S. 7–88.

12 R. Strauß, Lage und Bewegung. – Der Autor hatte das Werk bereits im Sommer 1959 abgeschlossen. Es wurde 1960 mit der Leibniz-Medaille der Deutschen Akademie der Wissenschaften zu Berlin ausgezeichnet. Vgl. Helmut Bräuer, Gabriele Viertel: Zum 100. Geburtstag des Stadtarchivdirektors Rudolph Strauß. In: SächsHbll. 51 (2005) 1, S. 42–48, hier: S. 48.

ten Etagen der Chemnitzer Bevölkerung, quellenprall und spannend geschrieben.

Jürgen Kuczynski (1904–1997) schrieb freundschaftlich an Rudolph Strauß zum 80. Geburtstag:

> Immer und immer wieder habe ich dieses Buch zitiert, das ich die große Freude hatte schon im Manuskript und in so manchen Gesprächen vor seinem Erscheinen kennenzulernen – und so auch den tüchtigen Gelehrten und prächtigen Menschen …[13]

Peter Beyer (*1938), der das Werk im ersten Band des Jahrbuchs für Regionalgeschichte rezensiert hat, spricht mit „Hochachtung vor der Leistung, die in diesem Buch ihren Niederschlag gefunden hat" und freut sich über die Verleihung der Leibniz-Medaille der Deutschen Akademie der Wissenschaft an den Autor.[14]

Im Juni 1968[15] beschäftigte sich das Bezirkssekretariat des Kulturbundes Karl-Marx-Stadt mit der Idee einer Ehrung für Rudolph Strauß und suchte dazu den Kontakt zu Karl Czok, der empfahl, den Stadtarchivar mit einer Ehrenpromotion auszuzeichnen. Czok, der ein Gutachten zur Beantragung der Ehrenpromotion durch die KMU schrieb, das er mir aus seinem Privatbesitz zur Kenntnis gab, würdigte insbesondere die Orientierung von Rudolph Strauß auf die Geschichte der „Lage der Arbeiter", auf ihre Lebensverhältnisse im 19. Jahrhundert und wies auf die Solidität von dessen Forschungen hin, die auf strikter Quellenarbeit beruhten.[16]

Mit meinem eigenen Dienstbeginn 1971 im Stadtarchiv Karl-Marx-Stadt hatte ich die Gelegenheit, den großen Rollschrank mit

---

13 Festschrift für Rudolph Strauß. In: Beiträge zur Heimatgeschichte von Karl-Marx-Stadt, H. 27, Karl-Marx-Stadt 1984, Vorsatzblatt.

14 Peter Beyer, in: JbfRegG I, S. 235–237.

15 Der folgende Part beschreibt die Vorgänge nach StadtA Chemnitz, Sign. 11135, Verleihung der Ehrendoktorwürde … Rudolph Strauß, Bl. 1–62.

16 Helmut Bräuer: „Sozialgeschichte war ja tabuisiert". Zum 100. Geburtstag von Rudolph Strauß. In: Comparativ 14 (2004) 4, S. 105–117, hier: S. 115f. und Anm. 40.

seinen vielen Gefachen voller Exzerpte und Aktenabschriften, Literaturauszügen und Notizen selbst in Augenschein zu nehmen, die die Materialbasis für das Werk des Vorgängers im Hause gebildet hatten.

Dann begannen sich die Mühlen der akademischen Praxis an der KMU zu drehen, die sich mit denen des Kulturbundes vereinten, so dass das tatsächliche Geschehen noch eine erkleckliche Weile brauchte. Bezirkssekretär Karl Gerlach (1907–1988) setzte sich mit Erik Hühns (1926–2010) von den Staatlichen Museen und Heinrich Gemkow (1928–2017), dem Vizepräsidenten des Kulturbundes der DDR, in Verbindung und erbat Gutachten, die – nachdem Sonderwünsche ausgeklinkt worden waren, das Verfahren in Berlin stattfinden zu lassen – dann an Karl Czok gereicht wurden. Der musste aber erst den Streit über Ehrenpromotionsunklarheiten im Wissenschaftlichen Rat der KMU abwarten, bevor er beim Rektor Urkundentext und Laudatio-Fassung absegnen lassen konnte. Schließlich stimmten Rat und Magnifizenz allen Schriftlichkeiten zu.

Eine Akte des Universitätsarchivs Leipzig zeichnet den ca. zweijährigen Prozess der Vorbereitung der Ehrenpromotion nach:[17] Die Zustimmung der Bezirksleitung der SED vom 20. Juni 1969 (Bl. 3 f.), die Zustimmung des Vorsitzenden der Promotionskommission Max Steinmetz, der auf Grund der Gutachten und der über 200 Veröffentlichungen von Rudolph Strauß schrieb: „… Person und wissenschaftliche Leistungen sind die Gewähr dafür, daß Herr Strauß sich in vollem Maße der Ehre erweist, Ehrenpromovend der Karl-Marx-Universität zu sein“ (Bl. 5), der Gutachten von Heinrich Gemkow, Karl Czok und Erik Hühns (Bl. 6–23), der Geschäftspapiere des Wissenschaftlichen Rates und des Rektors vom 29. September 1969 bis 15. Juli 1970 (Bl. 24–32), bis zur berührenden Anfrage des Archivars an den Sekretär des Wissenschaftlichen Rates: „Wie muß ich Herrn Prof. Czok anreden, wenn ich das Wort ergreife?“ – hatte er

17 UAL, Ehrenpromotion 001 pdf, Rudolph Strauß. Mein herzlicher Dank für die Ermittlungsmühen gilt Jutta Aurich, Petra Hesse und Sandy Muhl-Stockmann.

doch beim Vorgespräch nicht alles recht verstanden, „denn ich bin so gut wie taub“ [und auf schriftliche Hilfen angewiesen] (Bl. 33).

Dem Kulturbund oblag, eine Gästeliste zu fertigen, die letztendlich den Bezirksarchivar Helmut Ramm (1926–2018), die Historiker Ernst Barth (1909–1992), Karl Steinmüller (1901–1977), Johannes Leipold (1900–1974) und die Ärztin Gertrud Korb (1910–1989) sowie die Archivarin Maria Teuchner und die Archivassistentin Gabriele Viertel und Personen der SED-, Kulturbund- und Stadtobrigkeit umfasste.

Ein Ablaufprogramm wurde festgelegt mit zwei Musikstücken, Urkundenübergabe und Laudatio, Gratulation sowie Festvortrag des Geehrten. Obwohl zunächst das Abgeordnetenkabinett vorgesehen war, wurde dann doch der STAVO-Saal als Ort der Handlung zur Verfügung gestellt, der natürlich einen würdigeren Rahmen für den Auszeichnungsakt bot. Der Rat hatte schließlich für einen Imbiß für etwa 20 geladene Gäste im Empfangszimmer des Oberbürgermeisters zu sorgen.

Karl Czok, formell vom Rektor der Karl-Marx-Universität beauftragt, ließ es sich nicht nehmen, am 28. August 1970, um 11.00 Uhr selbst in Karl-Marx-Stadt zu erscheinen,[18] dem Archivar und Historiker die Ehrendoktorwürde zu verleihen.[19] Rudolph Strauß antworte auf die Auszeichnung mit: „Die Herausbildung der kommunalen Selbstverwaltung in der Stadt Chemnitz. Vortrag, gehalten am 28. August 1970 anläßlich der Ehrenpromotion an der Karl-Marx-Universität zu Leipzig“,[20] und man ist geneigt zu vermuten, dass er diese Themenwahl getroffen hat, um sich auch persönlich bei Karl Czok zu bedanken, für den ja Kommunalpolitik kein fremder Gegenstand war. Dass die beiden einheimischen Archivarinnen

18 Helmut Bräuer, Gabriele Viertel: Zum 100. Geburtstag des Stadtarchivdirektors Rudolph Strauß. In: SächsHbll. 51 (2001), S. 42–48, hier: S. 47.

19 Viertel, Zum Wirken von R. Strauß, S. 93

20 Gedruckt: Stadtarchiv Karl-Marx-Stadt 1970.

Teuchner und Viertel den neuen Ehrendoktor mit einem selbstgebastelten „Doktorhut“ überraschten, gehörte zwar zu den Abweichungen vom Protokoll, wurde aber von den Gästen schmunzelnd aufgenommen.[21] Karl Czok revanchierte sich für Rudolph Straußens Arbeiten durch seine Mitwirkung an der Festschrift zu dessen 80. Geburtstag, indem er einen Aufsatz über Arbeiter-Kommunalpolitik in der kapitalistischen Stadtentwicklung beisteuerte.[22]

Exkurs III

Von Leipzig nach Lindabrunn und zurück/ Persönliche Erinnerungen

1 Erinnerungen, ich schrieb bereits einmal davon,[23] hängen mit Ereignissen, Gehörtem, Büchern, Umständen, bekannten Personen oder auch mit Gedankenspielen und vielen anderen Dingen zusammen. Ich beginne einfach mit meinen Studienjahren.

> Helmut Bräuer war zwar nie mein Student, aber er hatte 1964 eine Externenprüfung mit einer Arbeit über städtische Volksbewegungen um die Mitte des 16. Jahrhunderts abgelegt und 1969 bei mir mit einer Arbeit über städtische Chronistik in Zwickau im 16. Jahrhundert promoviert,

21 Vom offiziellen Ereignis gibt es Kurzberichte von Helmut Ramm: Ehrenpromotion. In: Archivmitteilungen 29 (1979) 5, S. 200. – Karl Gerlach: Ehrendoktor. In: SächsHbll. 17 (1971) 3, S. 110. – Den Bericht von der kollegialen Ehrung verdanke ich Frau Dr. Gabriele Viertel.

22 Karl Czok: Zur Kommunalpolitik in der deutschen Arbeiterbewegung unter den Bedingungen kapitalistischer Stadtentwicklung. In: Beiträge zur Heimatgeschichte von Karl-Marx-Stadt 27. FS für Rudolph Strauß, Karl-Marx-Stadt 1984, S. 27–44.

23 Vgl. Sächs. Heimatbll. 59 (2013) 4, S. 351.

schrieb mir Karl Czok 2008 in meine Festschrift.[24] Die eine oder andere Lehrveranstaltung hatte ich wohl während meines Studiums und danach besucht, doch waren die Straßenbahnfahrten zwischen den Handlungsorten Peterssteinweg (Geschichte), Schillerstraße (Geografie) und Pädagogik (Gustav-Freytag-Straße in Connewitz) ein Hemmschuh oder Hindernis auf dem Weg zu einer zeitlichen „Studienkontinuität", gepaart mit Tendenzen studentischer Bequemlichkeit (vulgo: Faulheit) gegenüber jenen Studienterminen, die nicht „obligatorisch" waren.

Und so blieb es mein erster persönlicher Kontakt zu Karl Czok, als ich schon mitten in der Berufsarbeit stand, der in die Zeit der Vorarbeit der Externenprüfung (1962–1964) fiel und an den sich die Jahre der Promotionsvorbereitung (1964–1969) anschlossen.

Frühzeitiges Aufstehen in Zwönitz war nötig, um die (meist) pünktliche Abfahrt des Zuges zu erreichen – denn schon zu jenen Zeiten gab es einen Fahrplan –, wollte man vom Anschlusszug in Karl-Marx-Stadt nicht nur den letzten Wagen nach Leipzig aus der Halle rollen sehen.

Man musste dann in der Messestadt mit der Straßenbahn vom Hauptbahnhof bis zur Zweinaundorfer Straße fahren, einige Schritte zur Neumannstraße/Ecke Theodor-Neubauer-Straße 21 gehen und stand bereits vor einem ansehnlichen Bürgerhaus mit schwerer Haustür und repräsentativem Erker. In der ersten Etage lebte Familie Czok in einer relativ großen Wohnung, u. a. mit einem Arbeitszimmer, dessen Bücherbestand aufreizend groß und lukrativ war und von dem Karl Czok meinte, er habe noch viele Stücke in der Goethestraße, weil hier der Platz doch langsam zu knapp geworden sei.[25] Oft lieh er mir ein Rezensionsexemplar aus der Kategorie „West-

24 Katrin Keller, Gabriele Viertel, Gerald Diesener (Hg.): Stadt, Handwerk, Armut. Eine kommentierte Quellensammlung zur Geschichte der Frühen Neuzeit. Helmut Bräuer zum 70. Geburtstag zugeeignet, Leipzig 2008, S. 19.

25 In der Goethestraße besaßen die Sächsische Akademie der Wissenschaften und deren Historische Kommission über der Franz-Mehring-Buchhandlung eine Dependance bzw. einen Sitz.

literatur“ aus – so z. B. „den Schmidt“ (Heinrich Schmidt, 1928–2022),[26] den ich für die Dissertation benötigte.

Dabei habe ich beobachtet, wie er seine Konspekte, Quellenauszüge, Notizen oder anderen Aufzeichnungen stets auf halbierte A4-Zettel oder A5 im Querformat bzw. bibliografische Angaben auf Karteikarten schrieb. Es sei für ihn leichter handhabbar. Dieses Prinzip habe ich übernommen und strikt bis in die Zeit der Dominanz des Computers benutzt. Hin und wieder verwende ich es noch 2023. Es ist folglich ganz öffentlich einzugestehen: Auch ich habe „abgekupfert“.

Der kritische Leser wird fragen: Hat er von seinem Doktorvater nichts weiter gelernt als eine solche Belanglosigkeit? Eben aus diesem Grunde habe ich es aufgeschrieben: Ich habe von den konzeptionellen Ideen und Methoden wissenschaftlichen Arbeitens von ihm gelernt – bis hinab zum Papierfalten. War die jeweilige Arbeitssitzung beendet und gerade Mittagszeit, pflegte der Hausherr zu sagen, es sei noch ein Teller Suppe da, ob ich mich beteiligen wolle. Und dann trug Frau Charlotte zum Beispiel eine Terrine vorzüglichen Nudeleintopf auf, denn es wäre ja nicht angemessen und zu verantworten gewesen, einen, der aus „einem erzgebirgischen Dorf“ gekommen war, hungrig von der Messestadt aus wieder auf die Rückfahrt zu schicken.[27]

2 Etwas aus der Postmappe ist noch nötig, wenn es um die Behauptung geht: Karl Czok hat sich geradezu rührend um mich gekümmert!

Ich war – im Zwönitzer Schuldienst stehend – mit der Dissertation befasst, da schrieb er an meinen Dienstherrn Rudolf Graf, er möge mich, wo auch immer, unterstützen, denn ein Externer habe es nicht leicht, den Anforderungen gerecht zu werden, die von allen

---

26 Heinrich Schmidt: Die deutschen Städtechroniken als Spiegel des bürgerlichen Selbstverständnisses im Spätmittelalter, Göttingen 1958.

27 SächsHbll. 59 (2013) 4, S. 351.

Seiten auf ihn einstürzen.[28] Und zum Lob des Direktors sei gesagt: Er hat auf die Post aus Leipzig (meist) geachtet, denn der Name von Karl Czok war dem Direktor geläufig, da er den Träger desselben bereits mehrmals zu Vorträgen gehört hatte und seine Tochter damals Geschichte in Leipzig studierte.

Viele Monate war ich im Zwickauer Stadtarchiv und in der Ratsschulbibliothek tätig. Leichtfertig, wie man in angespannten Verhältnissen manchmal ist, fertigte ich einen Gliederungsentwurf, um von Karl Czok zu hören, ob ich auf dem rechten Dampfer sei. Bereits nach wenigen Tagen kam die Antwort, die mich natürlich erfreute: Er sei mit der Gliederung einverstanden. Ich möchte ihm aber einmal eine Auflistung meiner Chronisten übersenden, die ich zu behandeln gedenke. Auch das war kein Problem. Doch dann folgte ein Satz, der mich etwas in Bedrängnis brachte: „Schicken Sie mir doch bitte einmal bei Gelegenheit ein Kapitel!“[29] Zum Glück für mich stand dort „bei Gelegenheit“, denn bis dahin war noch ein Stück des Weges zu gehen.

Im August 1966 sandte mir Karl Czok eine Nachricht, dass bei Prof. Steinmetz eine Assistentenstelle frei sei. „Wenn Sie aber jemals die Absicht haben sollten, in die wissenschaftliche Arbeit hauptamtlich einzusteigen, dann würde ich dies für eine gute Gelegenheit halten.“ Er bitte um Bescheid, doch sei die Anfrage inoffiziell und nicht für die Öffentlichkeit bestimmt, ich möge aber bei Prof. Steinmetz einen Besuch machen.[30] Nach der Promotion ergab sich bei einem Gespräch in der Theodor-Neubauer-Straße für mich eine andere Variante des Berufswechsels: Karl Czok erzählte mir, er habe Besuch von Rudolph Strauß gehabt, der ihm seine gesundheitlichen Sorgen dargelegt hätte, weswegen er einen geeigneten Nachfolger

28 StadtA Chemnitz, VL Bräuer, Korrespondenz 1/1961–11/1975, K.C. v. 9. Juli 1965.

29 Ebd., K. C. v. 14. Juli 1966.

30 Ebd., K. C. v. 18. August 1966.

für das Karl-Marx-Städter Stadtarchiv suche. Da habe er, Karl Czok, ihm meine Anschrift gegeben, und ich würde demnächst Post erhalten … Und auf diesem Wege bin ich im Stadtarchiv gelandet, worauf mir Karl Czok schrieb, er wünsche mir alles Gute zur Amtsübernahme. Und: „Es ist selbstverständlich, daß – sollten Sie meinen Rat oder meine Hilfe brauchen – ich Ihnen jederzeit mit Unterstützung zur Verfügung stehe.“[31] Für zehn Jahre war ich dort recht passabel versorgt. Der Rest soll verschwiegen sein.

Dann wollte ich partout die Habilitation. Dieselbe war aus dem Archivdienst schlecht zu bewerkstelligen. Also musste ich wieder an die Uni. Und es begann erneut das personale Tauziehen, das ich bereits kannte, als es darum ging, von der Volksbildung Abschied zu nehmen und ins Archivwesen zu stolpern. Handwerksgesellen seien ein lukratives Thema, schrieb Karl Czok, und: „Ich würde Sie gern in Leipzig haben wollen“.[32] Sodann folgte eine Mahnung an den Stellvertreter des OB Hartmut Lange, den Bräuer freizugeben.[33] Neuerliches Angebot und Habil-Perspektive; ich möge doch einmal im März 1981 nach Leipzig kommen.[34]

Ich war dort, und es war wieder wie zu Hause. Wenige Tage später – eine Postkarte: „Meine Frau und ich haben nach Ihrem Weggang an jenem Sonnabend nachdrücklich gewünscht, daß es klappen möge. Halten wir uns die oder den Daumen.“[35] Die Kadermühlen drehten sich langsam und es gab die neuerliche Mahnung Karl Czoks an den Stellvertretenden OB zur Freistellung.[36] Ab Sommer 1981 brauchten wir dann keine Post dieser Art mehr zu wechseln.

3 Wir saßen in der späten Frühjahrssonne 1994 vor dem Gartenhäuschen in Bahren, denn ich war, wie wir es nannten, „zum Rapport“ eingeladen. Es ist das eine der üblichen „Veranstaltungen“

31 Ebd., Korrespondenz 1/1961–11/1975, K. C. v. 1. Oktober 1971.
32 Ebd., Korrespondenz 11/1975–6/1981, K.C. v. 6. Januar 1980.
33 Ebd., K. C. v. 7. Juli 1980.
34 Ebd., K. C. v. 3. März 1981.
35 Ebd., K. C. v. 27. März 1981.
36 Ebd., K.C. v. 23. April und 5. Juni 1981.

gewesen, die unterstreichen, dass es mit Karl Czoks „Kümmern und Interessieren" aus meiner Qualifizierungsperiode nicht zu Ende war, obwohl hinter dieser Zeit nun eigentlich der Schlussstrich stand. Keinerlei Bevormundung oder Einredenwollen, sondern Anteilnehmen am Leben des Anderen. Gedanken- und Erlebnis-Austausch.

Ich hatte gerade das Semester in Basel hinter mir und war zum Hemdenwechsel übers Wochenende nach Hause gefahren. Zwar rumorte mir Salzburg im Kopf, aber natürlich musste ich erst bei Czoks vorbeisehen. Es gab einen erheblich großen Sack voller Fragen: Wie gefällt dir die Stadt? Was ist das für ein Institut und wer leitet es? Wie bist du aufgenommen worden? Sind die Studenten interessierter als hier? Wie nehmen sie dich an? Was ist anders als hier? Und so weiter und so weiter.

Ich erzählte zunächst von den Studierenden, dass sie hochmotiviert seien, den Besuch der Vorlesungen bei mir Stück für Stück quittieren lassen müssten, in den paläografischen Kenntnissen und Fertigkeiten Mängel aufwiesen und erstaunt waren, als ich einigen von ihnen ein paar Nachmittags-Übungsstunden anbot, während ich verblüfft war, als sie fragten, was das denn kosten würde … Und es blieben nun wieder bei ihnen offene Münder, als ich meinte: Ich nehme für die Stunde immer 60 Minuten …

Aber zu einem Pausenkaffee haben sie mich doch eingeladen, weil sie viel, sehr viel über das Leben in der DDR wissen wollten … Eine von ihnen, sie stammte aus dem Kanton Bern und sprach sehr langsam und artikulierte gut: Bitte, erzählen Sie uns viel – das andere hat man uns bereits gesagt … Mehrmals, aber kaum Neues …

Ich erzählte natürlich auch vom *dies academicus* der Universität Basel im November 1993, der in der Martinskirche mit allem altakademischen Pomp, Formalien, Einzug der Fakultäten – die Dekane und Professoren in Talaren –, Festrede vom Strafrechtler Günter Stratenwerth (1901–1994) und mehreren Ehrenpromotionen stattfand. Und dass ich vor allem dorthin gegangen bin, um die Ehrung des Dresdner Geologen/Mineralogen Hans Prescher (1926–1996), mit dem ich viele Jahre einen guten Faden über Georgius Agricola (1494–1555) gesponnen habe, mitzuerleben. Verschwiegen habe ich nicht, dass ich mir das akademische Festmahl, für das 55 sFr zu entrichten gewesen wären, in meiner Einzimmer-Wohnung in der Margarethenstrasse 17 um kein Geringes billiger servieren konnte.

Als ich Karl Czok erzählen wollte, dass ich auch eine Antrittsvorlesung von Herrn N. N. gehört habe und meinte, sie sei keine große Offenbarung gewesen, fragte er zurück: Was macht der Mann denn in Basel? Die Schweizer Kollegen, erklärte ich, meinten, es sei einer aus der Kategorie „Kolonialherr", die den hiesigen jungen Leuten die Stellen streitig machten. Und da wurde Karl Czok nun recht neugierig. Er kenne den Herrn, und ich solle noch ein wenig berichten. Das tat ich. Er war kurz vor mir hier in Basel angekommen und hatte eine Lehrveranstaltung „Faschismus und Antifaschismus im Vergleich BRD-DDR" auf dem Plan. Da auch eine Literaturliste in meinem Fach lag, habe ich ihn gefragt, warum er den Studenten ausnahmslos westliche Literatur angeboten habe, worauf er meinte, was von der anderen Seite komme, sei ohnehin alles ideologisch überfrachtet, und er müsse sich auf's Wesentliche konzentrieren.

Das gab meinem Gesprächspartner auf der Bank vorm Gartenhäuschen die Möglichkeit zu sagen: So kenne er ihn von Münster. Und nach einer Weile: Da wird es wohl noch eine Zeit dauern mit der Einheit. Dann stand er auf und meinte: „Wie lange sollen wir uns denn noch entschuldigen, dass wir hier gelebt haben?"[37] Und es war gerade 1994 …

4 Eines Tages fragte mich der Krems/Wien/Budapester Mittelalterhistoriker Gerhard Jaritz (*1949), als ich ein Semester in Wien vorbereitete: Wenn du in Wien bist, könntest du doch auch nach Graz kommen … oder? Und du könntest vielleicht deinen vormaligen Chef mitbringen. Unser und auch euer gemeinsamer Freund Herwig Ebner soll zum 65. Geburtstag ein Kolloquium bekommen, ganz im kleinen Stil, ein richtiges Arbeitskolloquium.

37 StadtA Chemnitz, VL Bräuer, Korrespondenz 2/1993–10/1994.

Es änderten sich dann zwar einige Dinge, aber das „Plangerüst" blieb. Und Gerhard Jaritz schrieb eine offizielle Post. Als ich wieder in Leipzig war, befragte ich Karl Czok. Er sagte sofort zu und meinte schlitzohrig: Wenn die österreichischen Kollegen das schaffen, fällt das Ereignis auf einen 10. Jahrestag. Und trotz mehrfacher Nachfragen, was er meine, äußerte er sich nicht zur Sache, sondern deutete nur an, ich würde das schon selbst merken können. Aber ich merkte nichts.

Die Vorbereitungen der „kleinen Veranstaltung" gingen reibungslos voran. Als thematischen Rahmen hatten Gerhard Jaritz und die Grazer Kollegin Käthe Sonnleitner „Wert und Bewertung von Arbeit im Mittelalter und in der frühen Neuzeit" ausgewählt und mit Lindabrunn einen interessanten Veranstaltungsort zwischen Wien und Wiener Neustadt gefunden. Als dann die reguläre Tagesordnung aus Wien kam,[38] da fragte mich Karl Czok: „Fahren wir mit dem Auto?" Er fuhr zu dieser Zeit einen schnellen Wagen. Wie es schien – eine vielversprechende Lösung.

Und in der Tat: Es war eine höchst vergnügliche frühherbstliche Tour 1993 durch die Tschechoslowakei und Niederösterreich. Für mich als Beifahrer. Ziemlich anstrengend aber für den „Wagenlenker", obwohl die Straßen weitgehend frei und gepflegt gewesen sind. Die ersten Bäume waren september-bunt, die Felder waren oder wurden abgeräumt, und sonnig war es auch. In einigen Gegenden waren Erntewagen unterwegs. Mitunter schwenkte einer vom Gefährt den Strohhut, was uns zum Winken veranlasste.

Steiermärkische und niederösterreichische Landesregierungen hatten tief in die Beutel gegriffen: Das Quartier galt als ländlich-vornehm und war es auch, und was nach unserer Ankunft auf den Tisch kam, hätte gut und gern noch für ein paar Landsleute aus der Umgebung ausgereicht. Dann fielen wir in die Betten.

---

38 StadtA Chemnitz, VL Bräuer, Korrespondenz 2/1993–10/1994, Schreiben v. G. Jaritz v. 1. April 1993.

Am zweiten der drei Gesprächstage referierte Karl Czok zu „Arbeit und Gewerbe in Städten und Vorstädten Sachsens im 16. Jahrhundert“.[39] Übrigens mit einer sehr angeregten und spannenden Debatte.

Und er begann mit dem 10. Jahrestag: Im Herbst

> 1983 hielt Herwig Ebner vor Mitgliedern und Gästen der Historischen Kommission der Sächsischen Akademie der Wissenschaften in Leipzig einen Vortrag über ‚Vorstädte in den österreichischen Ländern‘. Mit seinen zahlreichen Vergleichen und der Hervorhebung der Beispiele von Wien, Graz, Horn im Waldviertel, Steyr und Innsbruck hat er damals nicht nur einen hervorragenden Überblick gegeben, den Forschungsstand aufgezeigt, sondern auch viele Anregungen für die eigenen Arbeiten vermittelt.

Es sei ihm, Karl Czok, außerdem „ein persönliches Bedürfnis, Herwig Ebner für die treue und sehr hilfreiche Mitarbeit“ am Jahrbuch für Regionalgeschichte zu danken. Sie sei höchst schätzenswert und habe ihm, Karl Czok, wohlgetan. Aus meinem Empfinden war das kein formales Dankeswort, sondern es war ein „Handschlag“ unter Kollegen in einer sehr spannungsgeladenen, kritischen Zeit der Gesellschaft im Lande und ebenso hinsichtlich der Überlebensmöglichkeiten des „Jahrbuchs für Regionalgeschichte“.

Dass ich dann auf der Rückfahrt „meinen Chef“ auf einem langen und überschaubaren Straßenabschnitt zu einem (polizeiwidrigen) Schnell-Fahr-Test provoziert habe, weil ich noch nie auf solch einer

---

39 Wert und Bewertung von Arbeit im Mittelalter und in der frühen Neuzeit. Ergebnisse des internationalen Arbeitsgesprächs Lindabrunn 17. bis 19. September 1993. Herwig Ebner zum 65. Geburtstag. Hg. Gerhard Jaritz und Käthe Sonnleitner, Graz 1995, S. 29–39. Einen sehr bewegenden Nachruf auf Herwig Ebner hat Käthe Sonnleitner 2010 für die Zs. des Historischen Vereins für Steiermark 101 (2010) geschrieben.

Geschwindigkeitsstufe im Auto gesessen hatte, war zwar eine ausgemachte Frechheit, aber ich muss das ja nicht unbedingt an die große Glocke hängen und der Öffentlichkeit preisgeben ... Es war eben so, und Wind pfiff uns jedenfalls mächtig um die Ohren.

5 Einige Zeit später, Ende der neunziger Jahre – die Familie war kleiner geworden und die körperlichen Anspannungen zum Wohnungserhalt hatten zugenommen –, waren Czoks in die Gregor-Fuchs-Straße 29 gezogen. Ein solider Bau mit einem ansehnlichen Grünareal von der Küche aus, das als Positivum besonders bei Frau Charlotte ins Gewicht fiel. Die kleinere Wohnung zwang allerdings Karl Czok zu weiteren Einschränkungen des Arbeitsbereichs – wenn man es an der vorherigen Bleibe messen will.

Für beide Wohnungen aber galt die Regel: Was man nicht ständig benötigt, kommt nach Bahren bei Grimma. Das war ein Gartengrundstück mit stabilem Wochenendhäuschen, das über die heutige A14 in reichlich einer halben Stunde leicht zu erreichen ist. Das Areal lag im Grünen und war ruhig. Hier wurden Freizeit, wissenschaftliche Tätigkeit und Gartenarbeitszeit zu einem kompakten Paket verbunden. Frau Charlotte teilte ihre wenigen Freistunden mit der Produktion hochgelobter Früchte- oder Quarkbackwaren und die „übrigen Besatzungsmitglieder" ergingen sich in langen Gesprächen darüber, was alles im Garten noch zu erledigen sei und dass man es in keinem Fall auf die lange Bank schieben dürfe. Und eben doch aufschob, weil andere Dinge ihre Prioritäten laut werden ließen.

Freilich hatte der „Landsitz" auch seine spürbaren Nachteile: Da das Häuschen Karl Czok als willkommener Wochenend- oder Ferienarbeitsplatz diente, wurden viele Arbeitsunterlagen, Bücher und der PC nach Bahren mitgenommen. War der Professor dann wieder in der Leipziger Wohnung und benötigte einzelne dieser Gegenstände, stand am Ende allen Suchens die Formel an der Tafel der Erinnerungen: Ach ja, die liegen gewiss in Bahren, und alle vorher gepriesenen Vorteile begannen sich ins Gegenteil zu kehren.

6 Und wiederum etwas später.
In den vorgerückten Vormittagsstunden der Geburtstage von Karl Czok traf sich – bereits seit den Zeiten in der Theodor-Neubauer-Straße – ein kleiner Zirkel von Gratulanten, zu denen (fast) stets Frau Renate Pohlers, Mitarbeiterin in der SAW und Karl Czoks „rechte Hand" in den Geschäften des Jahrbuchs für Regionalgeschichte, gehörte. Bei einem Glas Sekt und einem Apéro- oder Party-Brötchen wurden die jüngsten Neuigkeiten ausgetauscht oder die „heiße" Themenagenda „Arbeit und Gesundheit, Politik und andere Skandale" gründlich durchgenommen, währenddessen der Jubilar meist schmunzeld im Sessel saß. Dieser Kreis wurde gegen 11 Uhr angesichts der Ankunft der Familie abgelöst.

Ganz anders verlief das Geschehen zum 75. Geburtstag 2001.

Akademie- und Universitäts-Obrigkeiten waren zum Gratulationsakt und zu würdigenden Festreden angetreten, die bewusste 870-Seiten-Festschrift mit einem Grußwort Gerald Dieseners (*1953) vom Universitätsverlag präsentiert, und alles ging sehr vornehm und repräsentativ und würdevoll zu – wie es eben zum 75. Geburtstag zu sein hat. Für den Abend war zu einem Menü in „Apels Garten" eingeladen worden.

Aus dem von Handelsherrn Andreas Dietrich Apel (1662–1718) im 18. Jahrhundert angelegten und ausgebauten Barockgarten, den bereits der Herr Geheimrat aus Weimar 1765 besungen hatte, war eine gastronomische Kostbarkeit mit vorzüglicher Küche hervorgegangen. Vor den 20 bis 30 Gästen ließ es sich der Jubilar nicht nehmen, anknüpfend an seine Vorstadt- und Vorortforschungen, einen kurzen Vortrag über die Leipziger Gärten zu halten und damit auf *seinen* Abend einzustimmen. Hätte er es nicht getan, wäre es ihm sicher verübelt worden … Die Gärten zu Apels Zeiten gehörten einfach zu „Apels Garten" …

7 Und schließlich …
Ihre letzte Wohnstätte fanden Frau Charlotte und Karl Czok 2009 in einer Ein-Raum-Wohnung mit Vorraum und Bad, im Seniorenheim „Martin Andersen Nexö", in der Stötteritzer Straße 26. Das Haus

galt einst als größtes Altenpflegeheim der DDR, wurde in den 1990er Jahren mit hohem Kostenaufwand rekonstruiert und modernisiert, wies jedoch all die Probleme auf, die der Altenpflege generell und individuell eigen sind.

Häufig besetzten meine Frau Annemarie und ich mit den beiden Czoks einen sonnigen Platz im großen Innenhof-Karree oder benutzten die bescheidene Wohnecke im „Lebensraum" der Familie, erzählten von der Welt, dem Wetter und den Kindern, mitunter auch vom Konzert und den kulturellen Einrichtungen des Hauses, und waren unfähig, die Zeit auf- oder anzuhalten. Sie lief.

Ob in dem kleinen Wohnraum die zehn oder zwölf Bücher im Schränkchen genügen würden, habe ich Karl Czok eines Tages gefragt. Nach langem Zögern kam die Antwort: Du weißt, ich lese jetzt weniger … Und überhaupt … Aber es war ihm deutlich anzusehen gewesen, dass er über einen Themenwechsel im Gespräch froh war.

IV Thesen zu einer Zusammenschau

Ist es korrekt und gerechtfertigt, zu einem Menschen eine Summe zu ziehen, der kein „Kontra“ mehr zu sprechen vermag? Es ist zwar üblich, aber ist es auch richtig oder ethisch angemessen?

Sicher bin ich mir nicht, denn allzu rasch gerät man auf die Bahn des „Siebengescheiters“ oder gar des Richters, der über alles und jedes befindet, der Ursächliches mit den Folgen und deren Abbildern zu bewerten vorgibt. Der v. a. das Geflecht der Motivationen und ihrer Folgen zu durchschauen vermag.

Aus diesen Gründen belasse ich es bei „Thesen“ – und außerdem zu denen, die – wie ich eingangs betonte – *mein* Bild von Karl Czok betreffen.

1. Karl Czok war ein Arbeiterkind. Dieser soziale Status prägte die Gesamtheit seiner Haltungen gegenüber der Gesellschaft, der unmittelbaren Umgebung und sich selbst. Seine Bescheidenheit schloss auch die Bereitschaft zum gerechten Handeln ein, die sich in der Offenheit gegenüber Sorgen und Nöten anderer äußerte – sie war mit Verzichtenkönnen und Teilen verbunden, wenn an anderer Stelle Bedarf vorhanden war. Gerechtigkeit gehörte zu seinen Grundwerten. Und sie galt für ihn in Norm und Praxis.

2. Er legte Wert auf korrektes Auftreten und verfocht die Ansicht, dass man auf die Umwelt Einfluss nehmen könne durch das eigene Beispiel – ohne dass langatmige Erklärungen und gar Weisungen notwendig wären. Zum Hochschullehrer gehörte nach seinem Verständnis ein Hochschulprofessor, der sich durch Kleidung und „Manieren“ zu erkennen gab. Und der sich nicht selbst auf einen Sockel hob. Und der auch in eine zweite Reihe zurücktreten kann, wenn es die Notwendigkeiten erforderlich machen. Auf diese Weise setzte er den Studenten (und auch manch anderen) Maßstäbe.

3. Er war strebsam, ohne ein Streber zu sein. Sein Qualifizierungsbemühen hatte stets die Schritte im Blick, die ihm erreichbar schienen. Insofern war sein Lebensplan nicht auf ein „End- oder Höchst-Ziel“, sondern auf das Nächstliegende ausgerichtet. Weiteres würde sich ergeben, wenn die Zeit dafür reif wäre. Er arbeitete an solchen Etappen mit Umsicht und energisch, zugleich aber auch mit Bedacht, um eigene Fehlschritte zu vermeiden, ebenso jedoch, um die vorhandenen begünstigenden Bedingungen nutzen zu können. Dabei war er selbstkritisch, wenn es um die realistische Einschätzung von eigenen Positionen ging.

4. Stets verstand er es, sich für seine berufliche Umwelt zu engagieren. Die Qualifikation anderer war ihm wie der persönliche Qualifikationserfolg. Insofern „gab“ er keine Rolle als Professor, sondern war der Idealfall eines Hochschullehrers.

5. Er war willensstark und hart gegen sich selbst, wenn es um die eigene leibliche Beschaffenheit ging. Seine Kriegsverletzungen und dauerhaften körperlichen Beeinträchtigungen ertrug er klaglos. Durch seine Selbstdisziplin lud er nicht private Bürden und Sorgen in der Umwelt ab. In der gleichen Weise nahm er auch übergroße berufliche Belastungen auf sich.

6. Als Vorgesetzter war er *primus inter pares*, forderte nie Leistungen, die er nicht selbst zu bringen bereit gewesen wäre. Angesichts der Ausstrahlung seiner Persönlichkeit, die ich als bemerkenswert hervorheben möchte, war er nicht genötigt, etwas mit Nachdruck zu fordern. Wenn er um eine Leistung bat, wurde sie kommentarlos erbracht. Zumindest meist. Wenn berechtigte Einwände vorgetragen wurden, konnte er einlenken und übernahm die Aufgabe selbst.

7. Er besaß ein breites Basiswissen zu seinen hauptsächlichen Arbeitsgebieten und erweiterte es gern und ohne Scheu in speziellen Angelegenheiten durch Konsultation bei Kollegen. Dabei

legte er Wert darauf, dass solche Debatten immer in der Form des Gedankenaustausches mit „gleichrangig“ betrachteten Fachvertretern abliefen. Arroganz war ihm nicht nur ein Fremdwort, sondern auch ein verhasster Charakterzug.

8. In wissenschaftlichen und politischen Streitfragen hielt er sich als Kritiker nicht zurück, seine Ansicht darzulegen, wahrte aber stets die Form oder den „Anstand des Opponenten“. Ich habe nie beobachtet, dass er „andere“ Auffassungen unqualifiziert oder rechthaberisch abgebügelt hätte. Eine abweichende Meinung war ihm stets ein Gespräch wert.

9. Er hasste Winkelzüge oder Taktieren – im beruflichen wie im politischen Dasein. Seine Planungen und viele Entscheidungen legte er in dem Umfang offen, wie es ihm vertretbar erschien, um sich nicht beim nächsten Schritt schämen zu müssen. Das schließt ein, dass er eine wesentliche Reihe von Plänen stets mit einem Partner, mehreren Kolleginnen und Kollegen oder mit Studierenden besprach.

10. Für Alternativen erwies er sich stets offen, betonte aber zugleich, dass er Anhören nicht umgehend mit Realisieren verwechseln werde. Er gestand sich und anderen ein, dass dies in zunehmendem Alter immer mehr Zeit und in wachsendem Maße individuelle Kraft in Anspruch nehmen würde.

11. Ob er ein gläubiger/glaubender Mensch war, weiß ich nicht zu sagen, meine aber, dass er zwischen Kirchenzugehörigkeit und Religiosität zu unterscheiden wusste. In jeglicher Form oder Art von Zusammenarbeit kannte er keine Grenzlinie zu Gläubigen, sofern sie Sachkenntnis und Bereitwilligkeit anzubieten hatten. Wenn er atheistische Züge offenbarte, gehörten sie zu seinem Toleranzspektrum. Kirchlichkeit/Religiosität im historischen Kontext schätzte er eher realistisch-zeitbezogen ein; sie waren Mittel, um „Ziele“ zu erreichen.

12. Es gab nur wenige Situationen, die er rein gefühlsmäßig beurteilte, aber er ließ sich nie zu emotionalen Ausbrüchen oder Affekten hinreißen. Beleidigungen, vor allem im wissenschaftlich-politischen Bereich, nahm er oft mit überlegenem Schweigen, aber durchaus mit persönlicher Trauer hin, die jedoch selbst nicht als „Niederlagenbewusstsein" gedeutet werden sollte.

13. Er hat nie versucht, andere politisch zu „missionieren" oder zu überreden. Wenn er von einer Sache überzeugt war, hat er das in Gelassenheit und selbstbezogen offenbart, in keinem Fall aber andere zu drängen versucht. Er wäre ein schlechter Agitator gewesen.

14. Karl Czok war kein Mainstream-Historiker. Er kannte zwar bestimmte Notwendigkeiten und Öffentlichkeitswünsche, versuchte aber stets, den individuellen Denk- und Schreibstrukturen zu folgen; selbst Vorgaben der Politik nahm er kritisch auf, wenn sie seinem Standpunkt widersprachen oder wenn andere solche Wege favorisierten, die nicht die eigenen waren, aber die sich unter Umständen als „nützlich" erweisen konnten. In vielen Fällen setzte er dennoch sein Programm in die Praxis um. Wenn er damit scheiterte, versuchte er es in anderen methodischen Varianten.

15. Karl Czok war in erster Linie ein Stadthistoriker. Trotz des von ihm begründeten „Jahrbuchs für Regionalgeschichte", der Initiierung und Herausgabe der „Geschichte Sachsens" und des großen Publikumserfolgs seiner Bücher über Kurfürst August den Starken galt das besondere internationale Ansehen dem Geschichtsforscher der spätmittelalterlich-frühneuzeitlichen Stadt.

***

„Am Ende" oder am momentanen Schlusspunkt der Beschäftigung mit einem wissenschaftlichen Thema stellt sich die Frage nach dem Resümee. Wenn man diese Frage auf die Wertigkeits-Waage legt oder sie genau und kritisch formuliert, ergibt sich – je ernsthafter sie ausgesprochen wird – die **Relativität des Ergebnisses**. Für den Historiker hängt diese Ergebnisrelativität aber nicht nur von der Gesamtheit der jeweiligen Quellendimension und -beschaffenheit, der Quellenkritik und den Vergleichsmöglichkeiten der überlieferten Tatbestände ab, sondern steht auch im Dauerkonflikt mit den sich wandelnden Fragestellungen der Forschung, sowohl des Einzelnen als auch der „Forschungsströme" in ihrer Gesamtheit. Fragestellungen und Forschungsströme können variieren, erleben zwar mitunter erhebliche Rückschläge, sind aber generell progressiv orientiert. In der Regel stehen sie nahe bei politischen/weltanschaulichen Konzepten. Auch wenn das nicht selten bestritten wird.

Im biografischen Kontext gesagt: Der Fokus auf das zu Erkundende, hier die Einzelperson, ändert sich, wird schärfer oder gleichgültiger, setzt die Beurteilungsmarken oder Kriterien anders oder weist die bislang gebrauchten Grenz- und Bewertungslinien zurück und entwirft neue.

Das ist die von der jeweils aktuellen Bewertungsorientierung ausgehende Denkhaltung. Und eben diese Sicht auf das Objekt sollte zweckmäßigerweise im Auge behalten, dass das Individuum stets innerhalb der Gesellschaft handelt, also in seinen Beziehungen zur Gesellschaft auch entsprechende Einflüsse aufnimmt, denn der Grad von Nutzen oder Schaden, ideellen Werten und praktischen Inhalten resp. Abläufen, die von der Gesellschaft für das Individuum ausgehen, haben erheblichen Einfluss auf das individuelle Denken und Handeln – letztlich auf ihre Beziehung zur Gesellschaft und auf das Bild von ihr.

Das Objekt der Forschung verlangt aber, handelt es sich um ein Individuum, das in unterschiedlichen gesellschaftlichen Handlungsfeldern agierte, ebenso diverse „Anfragestrategien". Dabei ist es entscheidend, ob Handlungen zu beurteilen und „zu lesen" sind, die in unterschiedlichen gesellschaftlichen Konstellationen stattgefunden haben, in welcher Alters- und sozialen Situation sowie geistigen bzw. leiblichen Beschaffenheit die jeweilige Person gerade gewesen ist und welche Ereignisse hinter ihr liegen. Und von Belang ist schließlich auch: In welcher Position ich, als Fragender, Studierender und „Urteilender", zu ihr in Beziehung stehe oder gestanden habe. Denn absolut neutral oder völlig passiv bin ich niemals, selbst wenn ich das vor der Öffentlichkeit behaupten würde.

Da all diese Umstände, unter denen sich der Studierende oder Beobachter befindet, ihre Auswirkungen auf den „Grad von Ergebnisrelativität" haben, wird der Kritiker keine Mühe benötigen, seine Positionen zu formulieren, und davon lebt wiederum der Disput.

V Bibliografie Karl Czok ab 2001

Der vorhergehende Teil der Bibliografie befindet sich in Karl Czoks Festschrift, S. 841–863.

Die Stadt als Kommunikationsraum. Beiträge zur Stadtgeschichte vom Mittelalter bis ins 20. Jahrhundert. Festschrift für Karl Czok zum 75. Geburtstag. Im Auftrag der Karl-Lamprecht-Gesellschaft Leipzig e. V., hg. von Helmut Bräuer und Elke Schlenkrich, Leipziger Universitätsverlag 2001.

August der Starke. Kurfürst von Sachsen, König in/von Polen, 4., neu gestaltete und erweiterte Aufl., Edition Leipzig 2004.

August der Starke und seine Zeit. Rheda-Wiedenbrück: RM-Buch-und-Medien-Vertrieb, 2004, ungekürzte Lizenzausgabe.

August der Starke und seine Zeit. Augsburg: Weltbild, 2005. Lizenz des Verlags Edition Leipzig.

Ein Herrscher – zwei Staaten: Die sächsisch-polnische Union als Problem des Monarchen aus sächsischer Sicht. Online-Ressource 2015. In: Die Personalunion von Sachsen-Polen 1697–1763 und Hannover-England 1714–1837, Harrassowitz, Wiesbaden 2005.

August der Starke und seine Zeit, München: Piper, 2006. Ungekürzte Taschenbuchausgabe.

VI Quellen, Literatur, Abbildungen

Quellen

B. C., Persönliche Akte Karl Czok, im Privatbesitz von Justiziar Bernhard Czok.

Archiv der Sächsischen Akademie der Wissenschaften zu Leipzig
Czok, Karl, Zuwahl 25. März 1977; Historische Kommission, Protokolle 1981–89, Schriftwechsel 1981–84.

Universitätsarchiv Leipzig (UAL)
Ehrenpromotion 001 pdf, Rudolph Strauß 1970
PA 3459 Karl Czok

Bibliothek der TU Chemnitz
Kontakt mit Leitung des Hauses seit Oktober 2023
Link zu Bestand der Stiftung Prof. Czok

Stadtarchiv (StadtA) Chemnitz
Sign. 11135, Verleihung Ehrenbürgerwürde und 80. Geburtstag – Rudolph Strauß
Vorlass (VL) Bräuer, Korrespondenzakten 1961–1981. Vortragsmanuskripte, Ordner 2–6 (1985–2020). Kasten E: Tagungen zur Geschichte des Handwerks 1984–1990. Sammlung „Litterae currentes …" 1–16 (1982–1990).

Stadtarchiv Leipzig (StadtA) Leipzig
Übersicht über die Bestände des StadtA Leipzig, Stand Oktober 2017
2.4.3.31 Sammlung Karl Czok ca. 30 lfm, nicht bearbeitet
Zugänglich (Sperrung bis 2038) sind nur gedruckte Werke ohne Dedikationseintrag.

Ratsarchiv (RA) Görlitz
Adressbücher der Stadt Görlitz 1925/26 bis 1935/37 und 1949/50.

Literatur

Die von Karl Czok stammende Literatur wird nicht nochmals aufgeführt.

Bartos, Josef: Methodologische und methodische Probleme der Regionalgeschichte. In: JbfRegG VIII (1981), S. 7–17.

Berthold, O., K. Czok und W. Hofmann (Hg.): Kaiser, Volk und Avignon. Ausgewählte Quellen zur antikurialen Bewegung in Deutschland in der ersten Hälfte des 14. Jahrhunderts (= Leipziger Übersetzungen und Abhandlungen zum Mittelalter, A) Bd. 3, Berlin 1960.

Berthold, Werner: „Wer verliert, das ist noch gar nicht ausgemacht." Erinnerungen. Hg. und mit einem Nachwort versehen von Gerald Diesener, Leipziger Universitätsverlag 2022.

Blaschke, Karlheinz: Die sächsische Landesgeschichte zwischen Tradition und neuem Anfang. In: Neues Archiv für sächsische Geschichte, Bd. 64, 1963, Weimar 1964, S. 7–28.

Derselbe: Altstadt-Neustadt-Vorstadt. Zur Typologie genetischer und typographischer Stadtgeschichtsforschung. In: VSWG 57 (1970), S. 350 ff.

Derselbe: Studien zur Frühgeschichte des Städtewesens in Sachsen. In: Festschrift für Walter Schlesinger, Bd. 1, Köln-Wien 1973.

Derselbe: Eigenarten und Leistungen sächsischer Landesgeschichte. In: JbfRegG XIV/1987, S. 35–54.

Derselbe: Rudolf Kötzschke – der Vater der sächsischen Landesgeschichte. In: Rudolf Kötzschke und das Seminar für Landesgeschichte und Siedlungskunde an der Universität Leipzig. Heimstatt sächsischer Landeskunde, hg. v. Wieland Held und Uwe Schirmer, Beucha 1999, S. 7–20.

Bräuer, Helmut: Karl Czok 60 Jahre. In: ZfG 34 (1986) 3, S. 248.

Derselbe: Gesellenstreiks in Sachsen im Zeitalter der frühbürgerlichen Revolution. In: JbfRegG XIV/1987, S. 183–199.

Derselbe: Manfred Unger zum 60. Geburtstag. In: SächsHbll. 36 (1990) 2, S. 96 f.

Derselbe: Entwicklungstendenzen und Perspektiven der Erforschung sächsischer Zunfthandwerksgeschichte. In: JbfRegG XIX/1993/94, S. 35–56.

Derselbe: Zum 70. Geburtstag von Karl Czok. In: SächsHbll. 42 (1996) 3, S. 196 f.

Derselbe: 70 Jahre: Prof. Dr. Manfred Unger. In: Stadtgeschichte. Mitt. des Leipziger Geschichtsvereins (2000) 2, S. 26–28.

Derselbe mit Gerhard Jaritz und Käthe Sonnleitner (Hg.): Viatori per urbes castraque. Festschrift für Herwig Ebner zum 75. Geburtstag (= Schriftenreihe des Instituts für Geschichte, 14), Graz 2003.

Derselbe: „Sozialgeschichte war ja tabuisiert". Zum 100. Geburtstag von Rudolph Strauß. In: Comparativ 14 (2004) 4, S. 105–117.

Derselbe mit Gabriele Viertel: Zum 100. Geburtstag des Stadtarchivdirektors Rudolph Strauß. In: SächsHbll. 51 (2005) 1, S. 42–48.

Derselbe: Stadtchronistik und städtische Gesellschaft. Über die Widerspiegelung sozialer Strukturen in der obersächsisch-lausitzischen Stadtchronistik der frühen Neuzeit, Leipzig 2009.

Derselbe: Karl Czok und die Stadtgeschichtsschreibung. Zum 85. Geburtstag von Prof. Dr. Karl Czok am 12. März 2011. In: SächsHbll. 57 (2011) 2, S. 144 f.

Derselbe: Prof. em. Dr. Reiner Groß als Historiker. In: Mitt. des Freiberger Altertumsvereins 105/106 (2012), S. 7–18.

Derselbe: Nachruf auf Karl Czok. In: JbfRegG 31 (2013), S. 13.

Derselbe: Persönliches Erinnern, dreimalig: Prof. Dr. Karl Czok (12. März 1926–18. Juli 2013). In: SächsHbll. 59 (2013) 4, S. 351.

Derselbe: Karl Czok und die Stadtgeschichtsforschung in Österreich. Ein Nachruf. In: Pro Civitate Austriae. Information zur Stadtgeschichtsforschung in Österreich, NF 18 (2013), S. 45–48.

Derselbe: Prof. Dr. phil. habil Karl Czok (*12. März 1926, † 18. Juli 2013). In: Mitt. des Freiberger Altertumsvereins 108 (2014), 7–12.

Derselbe: Karl Czok (1926–2013) Historiker. In: Mitteldeutsches Jahrbuch für Kultur und Geschichte, 22 (Bonn 2015), S. 285 f.

Derselbe: Bürger Wolf Koch. Blicke auf einen Zwickauer Bewohner um 1530. In: Cygnea. Schriftenreihe des Stadtarchivs Zwickau 13 (2015), S. 55–70.

Brecht, Martin, Rez. in: Theologische Literaturzeitung Jan. 2003, S. 61–63. Online-Zugriff August 2023.

Brendler, Gerhard (Red.): Die frühbürgerliche Revolution in Deutschland. Referat und Diskussion zum Thema Probleme der frühbürgerlichen Revolution in Deutschland 1476–1535, Berlin 1961.

Bünz, Enno, Detlef Döring, Ulrich von Hehl, Susanne Schötz (Jh.): Geschichte der Stadt Leipzig, 4 Bde., Leipzig 2015–2019.

Derselbe: Landesgeschichte in Sachsen. Traditionen und Perspektiven. In: Denkströme. Journal der Sächsischen Akademie der Wissenschaften zu Leipzig 6 (2011), S. 61–83.

Derselbe: Nachruf: Historiker Karl Czok gestorben. In: Artefakte. Das Journal für Kultur und Kunst, v. 21. August 2013.

DIE UNION v. 7. März 1982.

Ebner, Herwig: Österreichische Bergbaustädte und Bergbaumärkte im Mittelalter und in der frühen Neuzeit. In: JbfRegG 16 (1989) 1, S. 57–72.

Ehmer, Josef: Parallele Leben: Politischer Aktivismus und akademische Karriere. In: Historical Social Research, Suppl. 34, 7–78.

Engel, Evamaria: Die deutsche Stadt des Mittelalters, München 1993.

Dieselbe: Die Fachkommission Stadtgeschichte der Historiker-Gesellschaft der DDR und ihre internationalen Kontakte. Versuch einer Annäherung an ihre Geschichte. In: Bräuer, Helmut, Gerhard Jaritz, Käthe Sonnleitner (Hg.): Viatori per urbes castraque. Festschrift für Herwig Ebner zum 75. Geburtstag, Graz 2003, S. 143–166.

Groß, Reiner: Die Historische Kommission bei der Sächsischen Akademie der Wissenschaften zu Leipzig: Möglichkeiten und Grenzen landesgeschichtlicher Arbeit in der DDR. In: Geschichtsforschung in Sachsen (= Quellen und Forschungen zur sächsischen Geschichte 14), Stuttgart 1996, S. 103–113.

Derselbe: Geschichte Sachsens, Leipzig 2001.

Derselbe: Forschungen zur sächsischen Landesgeschichte nach R. Kötzschke. In: SächsHbll. 56 (2010) 1, S. 31–35.

Derselbe: Von Braun über Rot zu Schwarz. Gedanken und Erinnerungen eines Archivars und Landeshistorikers [Autobiografie], Kreischa 2018.

Hajna, Karl-Heinz: Zur Vorbereitung des Überganges von den Ländern zu den Bezirken in der DDR. In: JbfRegG 16/2 (1989), S. 156–168.

Hehl, Ulrich von, Uwe John, Manfred Rudersdorf (Hg.): Geschichte der Universität Leipzig, Bd. 4/1, Leipzig 2008, S. 157–196.

Held, Wieland: Rez. in: JbfRegG 8 (1981), S. 243–247.

Derselbe: Die Bemühungen um die Weiterführung der wissenschaftlichen Traditionen des Leipziger Seminars für Landesgeschichte und Siedlungskunde nach 1935. In: Rudolf Kötzschke und das Seminar für Landesgeschichte und Siedlungskunde an der Universität Leipzig, hg. v. Wieland Held und Uwe Schirmer, Beucha 1999, S. 71–90.

Historische Forschungen in der DDR. Analysen und Berichte. Zum XI. Internationalen Historikerkongreß in Stockholm August 1960, ZfG-Sonderheft VIII (1960). Dazu: ZfG-Sonderband. 1970 und 1980.

Internationales Handwerksgeschichtliches Symposium Veszprém …, Veszprém 1979–1995.

Jaritz, Gerhard, Käthe Sonnleitner (Hg.): Wert und Bewertung von Arbeit im Mittelalter und in der frühen Neuzeit …, Graz 1995.

Keller, Katrin, Gabriele Viertel, Gerald Diesener (Hg.): Stadt – Handwerk – Armut, Leipzig 2008.

Klank, Gina, Gernot Griebsch: Lexikon Leipziger Straßennamen, Leipzig 1995.

Kossok, Manfred: Am Hofe Ludwig XIV., Leipzig 1989.

Krause, Konrad: Alma mater Lipsiensis. Geschichte der Universität Leipzig von 1409 bis zur Gegenwart, Leipzig 2003.

Küstner, Thomas (Hg.): Medien des begrenzten Raumes. Landes- und Regionalgeschichtliche Zeitschriften im 19. und 20. Jahrhundert, Paderborn 2013.

Links, Christoph: Das Schicksal der DDR-Verlage und ihre Konsequenzen, 2., aktualisierte Aufl., Berlin 2013.

Ludwig, Esther: Rudolf Kötzschke – Das schwere Bemühen um die Bewahrung der ‚unantastbaren Reinheit des geschichtlichen Sinnes'. In: Rudolf Kötzschke und das Seminar für Landesgeschichte und Siedlungskunde an der Universität Leipzig. Heimstatt sächsischer Landeskunde, hg. v. Wieland Held und Uwe Schirmer, Beucha 1999, S. 21–70.

LVZ vom 18. Sept. 1979.

Markov, Walter: Kognak und Königsmörder. Historisch-literarische Miniaturen, Berlin-Weimar 1979.

Maschke, Erich: Städte und Menschen. Beiträge zur Geschichte der Stadt, der Wirtschaft und Gesellschaft 1959–1977 (= VSWG 68), Wiesbaden 1980.

Müller, Winfried: Landes- und Regionalgeschichte in Sachsen 1945–1989. Ein Beitrag zur Geschichte der Geschichtswissenschaft in der DDR. In: Bll. für deutsche Landesgeschichte 144 (2008), S. 87–186.

Derselbe: Landesgeschichtliche Zeitschriften in Sachsen vor und nach der Wende. In: Thomas Küster (Hg.): Medien des begrenzten Raumes. Landes- und regionalgeschichtliche Zeitschriften im 19. und 20. Jahrhundert, Paderborn etc. 2013, S. 251–264.

Derselbe: Der Neubeginn der sächsischen Landesgeschichte nach 1990. In: SächsHbll. 61 (2015) 4, S. 422–424.

Müller-Mertens, Eckhard: Hansische Arbeitsgemeinschaft 1955 bis 1990. Reminiszenzen und Analysen (= Hansische Studien 21), Trier 2011.

Mumford, Lewis: Die Stadt, Geschichte und Ausblick, Köln-Berlin 1963.

Papke, Eva (Red.): Stadtgemeinde und Stadtbürgertum im Feudalismus, Magdeburg 1976.

Pitz, Ernst: Hansische Umschau. Hansische Studien 78, Köln-Graz 1960.

Rathmann, Lothar (Hg.): Alma mater Lipsiensis. Geschichte der Karl-Marx-Universität Leipzig, Leipzig 1984.

Rosseaux, Ulrich: In: Sehepunkte 4 (2004)2 https://www.sehepunkte.de/2004/02/1991.html [Zugriff: Nov. 2023]

Roy, Martin: Luther in der DDR. Zum Wandel des Luther-Bildes in der DDR-Geschichtsschreibung, Bochum 2000.

Rudersdorf, Manfred: 175 Jahre Sächsische Akademie der Wissenschaften zu Leipzig. Ein historischer Rückblick von den Anfängen bis heute. In: SAW_Jahrbuch_2019–20_online [Zugriff am 8. Dezember 2023].

Sächsisches Tageblatt, Februar 1978.

Schilling, Heinz: Die Stadt in der Frühen Neuzeit (= EDG 24), München 1993.

Schirmer, Uwe: Graduierungsschriften am Leipziger Seminar für Landesgeschichte und Siedlungskunde (1906–1950). Ein Forschungsbericht. In: Rudolf Kötzschke und das Seminar für Landesgeschichte und Siedlungskunde an der Universität Leipzig, hg. v. Wieland Held und Uwe Schirmer, Beucha 1999, S. 91–144.

Derselbe: In memoriam Karl Czok (1926–2013). In: NASG 85 (2014). S. 317–320.

Schultz, Helga: Überlegungen zur Rolle des Regionalen im Übergang vom Feudalismus zum Kapitalismus. In: JbfRegG 17/1(1990), S. 13–24.

Sohl, Klaus: (Hg.): Neues Leipzigisches Geschicht-Buch, Leipzig 1990.

Stauber, Reinhard: Regionalgeschichte versus Landesgeschichte? Entwicklung und Bewertung von Konzepten der Erforschung von ‚Geschichte in kleinen Räumen'. In: Storia e Regione 9. 6. 2021. https://storiaeregione.eu [Zugriff am 12. November 2023].

Steinbrink, Matthias: (Über)Regionalgeschichte. Neuausrichtung und Aufgaben des ‚Jahrbunchs für Regionalgeschichte und das Problem der Überregionalität. In: Küster (Hg.): Medien, S. 285–299.

Steinebach, Mario: „Regionalgeschichtliche Sammlung" wurde eröffnet. In: Pressestelle der TU Chemnitz, 2011.

Steinmetz, Max: Die frühbürgerliche Revolution (1476–1535). Thesen.

Derselbe: Probleme der frühbürgerlichen Revolution in Deutschland in der ersten Hälfte des 16. Jahrhunderts. In: Die frühbürgerliche Revolution in Deutschland. Referat und Diskussion zum Thema … Red.: Gerhard Brendler, Berlin 1961, S. 7–16 und S. 17–52.

Derselbe: Die Aufgaben der Regionalgeschichtsforschung in der Geschichtswissenschaft der DDR bei der Ausarbeitung eines nationalen Geschichtsbildes. In: ZfG 9 (1961) 8, S. 1735–1773.

Stern, Leo, Max Steinmetz (Hg.): 450 Jahre Reformation, Berlin 1967.

Strauss, Rudolph: Quellen zur Lage der Chemnitzer Arbeiter in der ersten Hälfte des 19. Jh. In: Beiträge zur Heimatgeschichte von Chemnitz, 1, Chemnitz 1952.

Derselbe: Die Lage und die Bewegung der Chemnitzer Arbeiter in der ersten Hälfte des 19. Jahrhunderts, Berlin 1960.

Derselbe: Löhne und Preise … In: Jahrbuch für Wirtschaftsgeschichte 1962–1965.

Derselbe: Lebensverhältnisse … In: Beträge zur Heimatgeschichte … 15 (1967).

Derselbe: Die Herausbildung der kommunalen Selbstverwaltung in der Stadt Chemnitz, Karl-Marx-Stadt 1970.

Thieme, André, Matthias Donath (Hg.) 350 Jahre Mythos August der Starke. Geschichte. Macht. Ihr., Königsbrück 2020.

Ullmann, Ernst (Hg.): „… die ganze Welt im Kleinen …". Kunst und Kunstgeschichte in Leipzig, Leipzig 1989.

Unger, Manfred: Die Historische Kommission des Landes Sachsen 1945–1956. In: Geschichtsforschung in Sachsen (= Quellen und Forschungen zur sächsischen Geschichte 14), Stuttgart 1996, S. 74–102.

Viertel, Gabriele: Zum Wirken von Dr. h. c. Rudolph Strauss als Stadtarchivar (1947–1971). In: Beiträge zur Heimatgeschichte von Karl-Marx-Stadt 27 (1984), S. 87–94.

Dieselbe: Strauß, Rudolph. In: Sächsische Biografie, hg. v. ISGV e. V. – Online-Ausgabe: http://www.isgv.de/ [Zugriff: 5. 11. 2023]. Hier weitere Literatur.

Vogler, Günter: Das Konzept „frühbürgerliche Revolution". Genese – Aspekte – kritische Bilanz. In: Günter Vogler: Signaturen einer Epoche. Beiträge zur Geschichte der frühen Neuzeit, hg. v. Marion Dammaschke, Berlin 2012, S. 59–88.

Wenzel, Peter: Spezialinventar des Ratsarchivs Görlitz zur Geschichte der Deutschen Arbeiterbewegung 1820–1945. In: Beiträge zur Geschichte der Görlitzer Arbeiterbewegung IV, Görlitz 1969, S. XVII.

Werner, Matthias: Zwischen politischer Begrenzung und methodischer Offenheit. Wege und Stationen deutscher Landesgeschichtsforschung im 20. Jahrhundert. In: Die Deutschsprachige Mediävistik im 20. Jahrhundert, hg. v. Peter Moraw und Rudolf Schieffer, Ostfildern 2005, S. 251–364.

Wiemers, Gerald: Für 1987 kündigt sich August der Starke an. Im Gespräch mit Prof. Dr. Karl Czok, Leipzig. In: Sächsisches Tageblatt vom 5. April 1986.

Wohlfeil, Reiner: Reformation oder frühbürgerliche Revolution? München 1972.

Zöllner, C[urt] W[ilhelm]: Geschichte der Fabrik und Handelsstadt Chemnitz, Chemnitz 1888. Nachdruck Frankfurt/M 1976.

Zwahr, Hartmut: Berufung einer Kommission für Regionalgeschichte beim Präsidium der Deutschen Historiker-Gesellschaft. In: JbfRegG II (1967), S. 186–188.

Nachtrag: Reininghaus, Wilfried: Gesammelte Aufsätze zur Landes-, Wirtschafts- und Archivgeschichte.

Zum Autor und seinen Schriften (Mscr.). Ich bedanke mich bei WR herzlich für die Anregungen.

Abbildungen

Coverabbildung: Karl Czok um 2000, Aufnahme aus der Festschrift „Die Stadt als Kommunikationsraum“, Leipzig 2001

Frontispiz: Porträt Karl Czok um 1995, Aufnahme: Foto-Nerlich Leipzig, Privatbesitz Bernhard Czok

S. 103: Ausweisfoto August 1942, Privatbesitz Bernhard Czok
S. 104–109: Eigenhändiger Brief vom Oktober 1945, Privatbesitz Bernhard Czok
S. 110: Mutter Maria, Schwester Brigitte und Karl Czok, Privatbesitz Bernhard Czok
S. 111: Habilitationsurkunde Karl Czok 1963, Privatbesitz Bernhard Czok
S. 112: Walter Markov und Karl Czok 1984, Privatbesitz Gerald Diesener
S. 113: Karl Czok während einer Vorlesung in den 1980er Jahren, Privatbesitz Gerald Diesener
S. 114: Urkunde zur Berufung in die Professur neuen Rechts 1992, Privatbesitz Bernhard Czok
S. 115 oben: Im Arbeitszimmer, Aufnahme: A. Kühne, Leipzig, Privatbesitz Bernhard Czok
S. 115 unten: Karl Czok und Siegfried Hoyer 1998, Privatbesitz Bernhard Czok
S. 116: Überreichung der Festschrift 2001, Privatbesitz Bernhard Czok
S. 117: Festmenü in „Apels Garten“ 2001, Privatbesitz Bernhard Czok
S. 118: Urkunde Ehrenpromotion Rudolph Strauß 1970, Stadtarchiv Chemnitz, Bestand A 0602, Hist. Personalakten, Sign. 0221, Bl. 112a
S. 119: Bücherstiftung für die TU Chemnitz (1995/2000), Aufnahmen: UB Chemnitz 2023, Fotograf: Tino Riedel

S. 120/121: Leipzig im Dreißigjährigen Krieg, Reproduktion eines historischen Stichs: Stadtgeschichtliches Museum Leipzig, Sign. S 0003339, die Inv.-Nr. L 8/1

S. 122 oben: Ehepaar Charlotte und Karl Czok 2003, Privatbesitz Bernhard Czok

S. 122 unten: Wohnhaus der Familie Czok 1958 bis Ende der 1990er Jahre, Aufnahme im Jahr 2023, Fotographin: Annemarie Bräuer

VII Namensregister

VIII Dank

Sicher ist es ungewöhnlich, eine solch große Anzahl von Helferinnen und Helfern in Anspruch zu nehmen. Hier machten es einfach die Umstände erforderlich.

Bernhard Czok, Rötha-Mölbis, habe ich dafür zu danken, dass ich Akten seines Vaters, die sich in seinem Privatbesitz befinden, benutzen durfte. Er hat außerdem eine Reihe von Fotos und Vorlagen zur Verfügung gestellt.

Frau Jana und Silvio Lehmann sowie Gerald Diesener, Leipzig, danke ich für „nimmermüden Beistand", ohne den das Vorhaben hätte aufgegeben werden müssen.

Beraten haben mich außerdem oder Kontakte haben vermittelt: Frau Evamaria Engel, Reiner Groß, Rüdiger Otto, Franklin Kopitzsch, Roland Wötzel, Frau Elke Schlenkrich, Frau Maike Günther, Frau Jutta Aurich, Frau Marlen Schnurr, Frau Petra Hesse, Frau Gabriele Viertel, Frau Angela Malz, Wolfgang Lambrecht, Stephan Luther, Andreas Schulze, Frau Juliane Grünthal, Frau Sandy Muhl-Stockmann, Frau Renate Wißuwa, Frau Annemarie Bräuer, Frau Andrea Kern und Jörn Richter.

Ihnen allen schulde ich für ihre Mühen herzlichen Dank.

Leipzig, Februar 2024 Helmut Bräuer